特殊大学生感恩教育研究

邱淑女 著

中国原子能出版社
China Atomic Energy Press

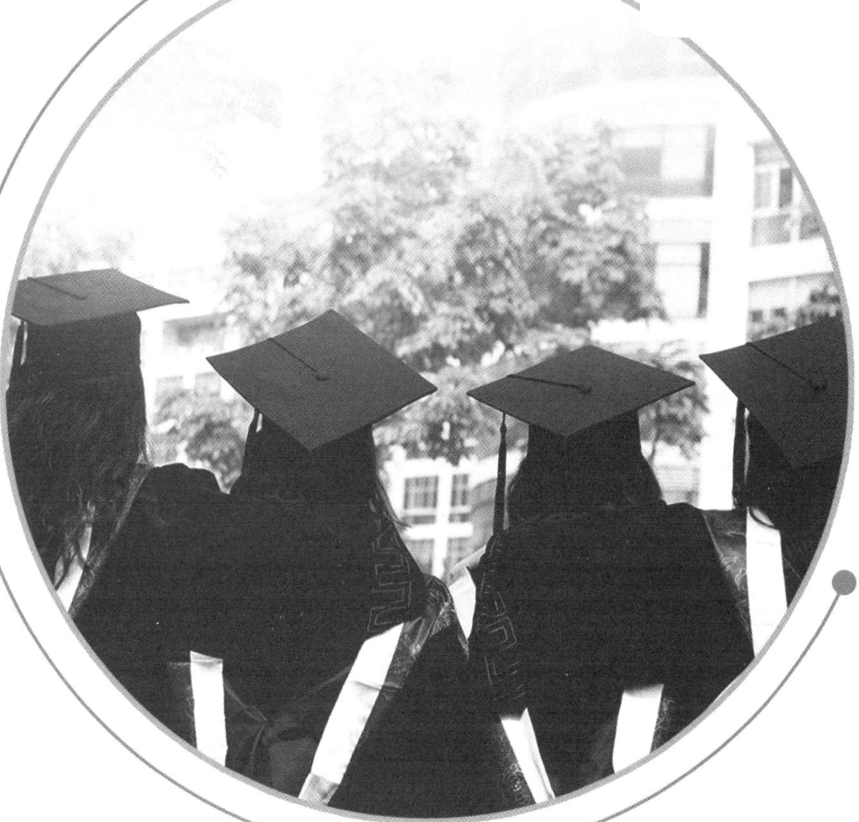

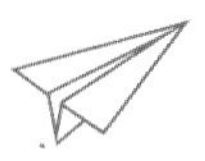

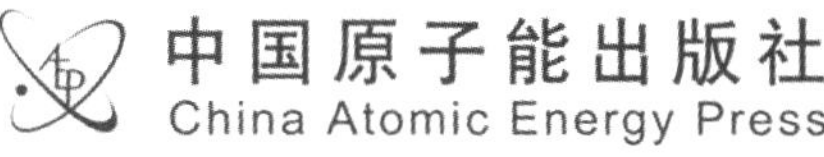

图书在版编目（CIP）数据

特殊大学生感恩教育研究 / 邱淑女著 . -- 北京：中国原子能出版社，2022.12

ISBN 978-7-5221-2594-7

Ⅰ . ①特… Ⅱ . ①邱… Ⅲ . ①大学生－品德教育－研究－中国 Ⅳ . ① G641.6

中国版本图书馆 CIP 数据核字 (2022) 第 249876 号

特殊大学生感恩教育研究

出版发行 中国原子能出版社（北京市海淀区阜成路 43 号 100048）

责任编辑 刘东鹏

责任印制 赵 明

印 刷 北京天恒嘉业印刷有限公司

经 销 全国新华书店

开 本 787mm × 1092mm 1/16

印 张 9.875

字 数 201 千字

版 次 2022 年 12 月第 1 版 2022 年 12 月第 1 次印刷

书 号 ISBN 978-7-5221-2594-7 定 价 76.00 元

前　言

“滴水之恩，涌泉相报”“乌鸦反哺，羔羊跪乳”“首孝悌，次谨信”等古语，皆反映出中华民族非常重视“感恩”这一珍贵品质。感恩教育作为以人性唤起人性的生命教育、以情传情的情感教育和以德报德的道德教育，在学生身心发展环节有着不可估量的价值。

当代残疾大学生的感恩意识整体上是正面向上的，他们能够心系祖国、孝顺父母、尊重师长和爱护自然，但是也有部分学生感恩品质严重缺乏，这与学生感恩教育的缺失现状不无关系。造成当代学生感恩教育缺乏的原因主要有四个方面：家庭教育理念的落后、高校感恩教育的淡化、社会客观环境的影响和学生自身素质的不足。而作为身居一线的教育工作者，应重点从高校教育方面着手，培养和提升学生的感恩品质。

感恩，即感恩戴德之意，亦有感谢、感激之说。《现代汉语词典》是这样解释的：“感恩，对别人所给的帮助表示感激。”感恩是中华民族的传统美德，在中国传统文化里，对知恩图报极为推崇。《战国策》中云：“人之有德于我也，不可忘也。”生活中也有“知恩不报非君子”“投我以桃，报之以李”“滴水之恩当涌泉相报”“谁言寸草心，报得三春晖”等充满感恩情怀的佳句，这些都是对感恩的诠释和要求。

感恩是生活中不可或缺的阳光雨露。它是一种处世哲学，一种生活态度和道德情操；它是生活中的大智慧，来自对生活的热爱和希望。懂得感恩的人，才是天底下最幸福的人；追求感恩的人，人生才有日标和前进的方向，人生的内在价值和社会价值才有可能得到完美的实现。

本书系统地介绍了感恩与感恩心理相关的心理知识，并对目前特殊大学生感恩教育的现状进行了分析，总结了当前特殊大学生感恩教育所存在的问题，揭示了感恩教育的主要内容，并基于这些问题提出了能够有效改善高校感恩教育的对策与建议。

因作者水平有限，本书中不妥乃至谬误之处在所难免，敬请学界同仁以及读者朋友批评指正。

内容简介

本书深刻阐释了感恩教育的内涵和意义，并对高校大学生的感恩和高校感恩教育现状进行了分析，在此基础上提出了感恩教育的出发点、关键点和落脚点，为高校开展感恩教育提供了路径帮助。感恩教育是高校思想政治工作的重要组成部分，在传承中华民族优秀的道德文化、践行社会主义核心价值观、促进大学生的全面发展等方面发挥着重要作用。新时代开展大学生感恩教育的实现路径，即发挥学校在感恩教育中的主导作用、借助家庭在感恩教育中的积极影响、社会担当起感恩教育中的重要角色、并在感恩教育中强化的大学生的主体作用。

目　录

第一章　感恩总论

第一节　感恩的内涵与渊源

感恩是一种美德，怀有感恩意识是内心善良与美的一种表现，它是人类都大力提倡的良好品德。它时时刻刻环绕在我们身边，一个鼓舞的眼神、一双温暖的手、一种关爱的行为，都能让人感觉到感恩的存在。

一、感恩及感恩意识的界定及本质

感恩，是一个古老的话题，从古至今，不同时期的思想家、哲学家、教育家、文学家都从不同的角度对感恩有过相关的论述。“感恩”是一个舶来词，在我国，“感恩”最早是出自晋朝陈寿的《三国志·吴书·骆统传》：“令皆感恩戴义，怀欲报之心。”有感怀恩情、努力报答之心。晋代文豪潘岳《关中》诗“观遂虎奋，感恩输力”，就有“感戴恩德”之意。《说文解字》对感恩的解释是：“感，动人心也；恩，惠也。”

恩，发自内心的，有通过口扩大之意，也含有一种相互依赖，结成深厚的情谊之意，也就是他人给我或我给他人的情谊。哲学家亚当·斯密把感恩定义为“立即和直接促使我们去报答的情感，人类学家则借助“礼物的精神”来说明感恩，认为感恩是礼物的归还。现在，感恩的含义在前人的表述上又有一定的扩充，即愿意把自己得到好处的感激之情表现出来，并把它回馈给别人。据《现代汉语词典》，感恩是“对别人所给的恩惠表示感激”；据《牛津词典》，感恩是“乐于把得到好处的感激呈现出来且回馈他人”。由此可以看出这里认为的感恩可以直接回馈给向你施恩的人或物，也可以间接地把这种感激传递给其他人或物，使这种感激之情无限扩大，成为与他人共同分享之意。著名作家刘醒龙也认为：“最好的报恩方式就是你再去帮助他人，大家一起把爱心往下传递。”有的学者认为“感恩就是对他人、社会和自然给予自己带来的恩惠和方便在心里产生认可并意欲回馈的一种认识、一种情怀和行为”，认为感恩是一个识恩、知恩与报恩的过程。也有学者认为感恩即“感激别人对自己的恩德”，它包含两层含义：第一层是因为受恩，所以感激；第二层是因为感激，所以施恩。第一层含义是感恩情怀，是浅层次的感恩；第二层含义是感恩行为，是深层次的感恩。第一层次的感恩是第二层次的感恩的基础和前提；第二层次的感恩是第一层次的感恩的进步和延伸。懂得感恩和学会报恩。懂得感恩，是指懂得和领会别人给予自己的恩情；学会报恩是指要懂得回报他人，回报社会。

总结以上观点，笔者认为感恩是人类社会的产物，是一种普遍的社会现象，是随着人类社会的发展而不断发展的一种文化、一种良好的道德现象，是对给自己带来恩惠与方便的他人、社会和自然的一种知恩、感恩、报恩、施恩的心理意识、原则规范和行为表现的总和。通常人们认为，思想是行为的先导，人的行为都是由思想所支配的。一个人只有具有了实行某种行为的想法之后，才能把这种行为表现出来。所以是否具有感恩意识是能否表现出感恩行为的一个关键，只有对所施恩的人或物有感激之情，才会积极地去把这种情意反馈给对你施恩的人。那么，何为感恩意识？目前学术界对感恩意识的定义描述不尽相同，但核心意思基本相同。感恩意识的本质是爱，体现的是人内心的一种情感。儒家也从爱的角度解释恩情，“恩者，仁也”，“樊迟问仁，子曰：‘爱人’。”“仁”的精神就是“爱人”。西方哲学家和我国哲学家对恩的本质看法基本相同，认为“恩”就是仁慈之心、爱人之心，“爱”构成了“恩”的本质。这种爱包括对自我的珍爱和对他人的关爱、对祖国的热爱等。就是有了这种爱，才会有感恩意识和感恩行为。

感恩是一种生活态度，经常怀着感恩之心的人必定心胸开阔、心地坦荡，也会自觉自愿地助人为乐，这样的人是快乐的人。感恩是一种处世哲学，从挫折中看到光明的一面、从施恩中得到助人的快乐，感恩带来的收获将比你想象得更多。感恩是一种美德，感恩是对自己的尊重，也是对他人、对社会、对自然的尊重，感恩使得大家相互尊重、和谐共处，感恩是一种不可或缺的人生美德。

二、“感恩”的多重概念释义

总体来说，目前学术界对“感恩”的阐释存在争议，不同的学者从不同的角度、不同的领域出发都可以对“感恩”的概念加以发挥。可以说，对于何为“感恩”，可谓众说纷纭，但也正是在这诸多的不同释义中，我们才可以从不同的角度对感恩进行全面的理解，以加深对“感恩”本质的认知。正如现代性研究者伊夫·瓦岱曾指出：“概念越是多样化，越是不容易被学者们定义，因为它们所使用的领域不同、范围不同、对象不同、情境不同，因此会呈现出不同的甚至是矛盾的含义。”可见，“感恩”是一个特殊的、复杂的问题，只有全方位地科学地理解“感恩”的本质，才能使感恩教育树立正确的教育理念。

（一）哲学领域的“感恩”：内发的情感

哲学家康德认为“感恩”是对给予我们仁慈之人的赞美。在康德那里，施恩者给予的恩惠是受恩者永远无法偿还的人情债，因为施恩者首先依照善良意志对受恩者做出了施恩行为，这份恩惠是无偿的，而感恩则是受恩者应该做出的反应。亚当·斯密认为，感恩是促使我们去回报恩惠的最直接的情感。在亚当·斯密那里，值得赞赏和奖励的施恩行为（善行）正是我们需要感恩的行为。德国哲学家鲁道夫·史坦纳认为：个体为了让自身更为富足，便需要从外界的环境中汲取各种生存发展所需要的资源，如果不能对这些外取之物心生尊敬、心怀感激，这些外取之物便无法真正的内化为个体所有，因此，人需要心存感激，以一颗赤诚的心感恩所得之物，感激所给之人。苏格兰哲学家托马斯·布朗则把感恩解释为“对施恩者‘爱’的愉快情绪，因为施恩者给予了爱和善意，这种愉快的感激之情不局限于恩惠本身，而是由恩惠推及至施恩人。”哲学领域关于“感恩”的理解存在很大差异，不同的哲学家都有其各自的看法，总的来说大部分哲学家都认为“感恩”是一种内发的情感，这种情感促使我们去对得到的、无偿的恩惠表示感激和回报。

（二）人类学领域的“感恩”：礼物的精神

人类学领域对感恩的解释建立在“礼物的精神”的理解基础之上，学者们认为，“给予”和“交换”是礼物的基础特征之一，若是一个礼物处于静止状态，不会“动”，那么某种意义上其并不能称之为“礼物”，礼物的本质特征就在于“给予”和“交换”，是人与人之间发生的交换过程。人们通过礼物的“交换”来维持联系，构建人际关系，此处，“礼物”不仅仅是简单意义上的“礼品”，而是人们之间维持联系的客体或媒介。感恩可以解释人与人之间的这种联系，施恩者将恩惠“给予”出去，受恩者将“礼物”归还给施恩者，通过这种“给予”和“回报”，施恩者与受恩者之间建立起联系。“礼物”的归还表现了一种内在的情理，即将“礼物”返还回去的情理，否则内心会产生一种道义上的不安，这就是感恩，而这种不安只有通过感恩才能化解。人类学看到了感恩对于维持良好人际关系的重要性，“感恩”是个体对自身应得观的正确认知，正是由于这种礼尚往来的“礼物交换”，使得人与人之间的关系得以维持，某种意义上，“感恩”也是个体对于他人的关爱，以及对他人给予自己关爱的认可，因为“礼物”的交换和“商品”的交换毕竟还是存在差别，“礼物”交换中多少蕴含着人与人之间的情谊。

（三）社会学领域的“感恩”：道德强化物

社会学领域认为，“感恩”既是一种优良美德，还是一种有效的道德强化物。“感恩”总是在两个行为主体之间存在和产生，在社会交往中发挥着重大作用，正是“感恩”维持着社会的良性循环，可以说，“感恩”使得社会各层次的个体连接成一张紧密有序的“人际网”，人与人之间变得更加亲密、友爱。同时，在“感恩”的形成过程中，人际关系和社会交互发挥着极其重大的作用。在社会学家看来，“感恩”不仅仅是促进社会其他道德的动力和源泉，其本身也是一种广为称赞的优良美德。作为一种道德强化物，“感恩”促进了个体的利他行为，有利于个体道德品性的养成；作为一种个人美德，“感恩”是人格的重要组成部分，体现了一个人的道德素养。一个人拥有体验感恩和表达感恩的能力，其社会性的一面会不断完善和发展，人际交往也会更加和谐，亲社会能力也会不断提高。可见，社会学领域更加关注的是“感恩”的道德属性，倾向于将“感恩”视为一种道德强化物，强调了“感恩”促进个体道德发展的重要作用。

（四）心理学领域的“感恩”：认知与情感

相比其他领域对于“感恩”的诠释，心理学领域虽然起步较晚，但其对“感恩”的理解更为系统。在心理学家们的不断努力下，“感恩”的研究越来越丰富，并形成了四大理论分别代表了不同的观点（即认知论、情绪论、美德论、行为论）：“认知论”者认为“感恩”是个体对自身所得恩惠结果的一种积极认知。这种结果是个体没有料想到的，并由他人行为造成的。虽然生活中很多情境和经历都可能引发个体的感恩情感，但从根本上来说，“感恩”取决于个体对于结果的积极认知，这种积极认知包含两个方面：一是对恩惠或者结果的积极认知，即意识到自己获得了某种来自外界的帮助或给予；二是对“恩惠”来源的积极认知，即认知到恩惠是怎么来的，是谁给予的，肯定和认可他人的善行。因此，认知论特别强调施恩意图的可知别性、受恩者的归因倾向等因素对“感恩”情感产生的重要影响；“情绪论”者认为“感恩”是个体的一种情绪体验。其强调了“感恩”的情感性的一面，认为“感恩”是个体在接受到他人的帮助、利益或恩惠之后产生的愉悦、满足、积极、感激的情绪，其核心是受恩者情绪的一种正向表现，即愉快、激动、感动等，是一种予以回报的、友好的、积极的情绪。在这里，受恩者的情绪也包含了两个方面：一是收到恩惠或帮助之后的积极情绪，即愉悦、感动和感激；二是对恩惠来源（即施恩者）的积极情绪，即认可、敬佩、欣赏和感激；“感恩美德论”者认为“感恩”是一种美德，“感恩”来自于道德并且能够引发个体的道德言行，它推动着个体关心他人并与他人建立良好关系，“美德论”者还提出了“感恩”的三大道德功能，即：道德评价功能、道德推动功能、道德强化功能；“行为论”者认为，“感恩”不单是一种积极的认知或者简单的情绪体验，它还表现为一种外在的行为，即对自身所受恩惠或帮助的回报行为。“行为论”者们从感恩促进个体亲社会行为出发，强调了“感恩”外显行为的一面。

（五）“感恩”的多重概念释义

通过对不同领域的“感恩”概念的分析，同时结合文献综述中学者们关于感恩本质的探讨，可以看出对于何为“感恩”，由于学者们所在领域不同、侧重点不同、研究的视角和取向不同，其对“感恩”的理解也都各有不同。总体而言，哲学、心理学领域的学者更多的将“感恩”视为一种认知和情感，侧重于个体内在的心理状态，多从认知和情感这两个角度下定义；社会学、人类学领域的学者则更加关注“感恩”的外显行为，强调感恩的道德性、责任感。虽然“感恩”的含义存在多种理解，但众多的诠释中也表现出一些共性的特征：首先，“感恩”属于一种正性积极的情绪，这里强调了感恩的正向促进作用。尤其是心理学领域更是强调个体对于恩惠、施恩者意图等的积极认知和积极情感体验。感恩是一种积极情绪却又不仅仅只是一种情绪，这种积极的情绪会推动个体将回报恩惠的欲望转化成外显的感恩行为。

其次，“感恩”是在个体认识到自己获得帮助、利益或恩惠，并且认知到这种积极的结果是在他人或者他物无私帮助之后才产生的感恩情感。这里就体现了两层含义：一是表现出了“感恩”这一现象的前端的重要性，即施恩者的重要性（包括施恩者的意图、施恩者的行为等），一般来说施恩者的“善行”是感恩情感得以产生的基础和前提，缺乏善意的施恩之行，是不会引发受恩者的感恩之情的；二是指出了感恩行为有赖于个体的感恩认知和感恩情感的激发，并且这种认知和情感是正性的。缺乏积极的认知，个体便难以意识到“恩惠”以及他人给予的关爱的存在，更难以将自身从他人那里所得的积极结果进行正确的归因，而缺乏积极的感恩情感体验，个体将难以形成强烈报恩的冲动来激发感恩行为。简单来说，个体的感恩是由内而外的动态发展过程，感恩之行是由感恩之心牵动着的，离开了“心”，“行”必然是僵化的、被动的、无感情的，而离开了“行”，感恩则是虚无的、缺乏实体的。

三、感恩思想的渊源

要探究“感恩”的本质，必须对“感恩”进行全方位的了解，只有从多视角、多角度对“感恩”进行解析，才能更好地理解和把握“感恩”。因此，对“感恩”思想渊源进行深入了解，一方面可以为感恩教育提供经验上的借鉴，另一方面可以帮助我们全面理解“感恩”。

（一）西方感恩思想

西方感恩思想起源较早，许多哲学家都对“感恩”有过论述，这里主要介绍塞涅卡的感恩思想（作为西方第一个系统论述“感恩”的思想家和哲学家）以及亚当·斯密的感恩思想（第一个将“感恩”引入心理学领域，并系统探究“感恩”的心理学家、思想家、哲学家）。

1. 塞涅卡的感恩思想

古罗马时期斯多亚学派的哲学家塞涅卡是西方最早详细论述感恩的哲学家，塞涅卡在和朋友通信时论述了其关于感恩的思想，在《论恩惠》中塞涅卡试图提供一个视角去解释、理清感恩问题的复杂性。首先，其阐释了感恩在人类社会中的重要作用，指出感恩在社会中占据着十分重要的位置。在塞涅卡看来，忘恩负义是人类最可恨、最常见、最可耻的恶习，他指出“在人类所有的恶行之中没有什么比忘恩更令人惊讶的了”；其次，塞涅卡从施恩者与受恩者的关系出发论述了“施恩”与“受恩”这一复杂的现象，其指出要深入全面的理解“感恩”，必须完全理清并理解“感恩”所联系着的“施恩人”和“承恩人”之间的双重关系。因此，在论文中塞涅卡从恩惠给予和恩惠接受两个方面进行了论述，恩惠给予方面，塞涅卡指出了几个必须被重视和回答的问题：什么是真正的恩惠？给予什么恩惠？什么样的方式给予恩惠最为恰当？在恩惠接受方面，塞涅卡同样提出一系列值得重视的问题：受恩者应该如何适宜地表达感激之情？感恩仅局限于对“恩惠”本身吗？感恩仅是一种谢意的表达还是应该包括一些更有价值、更有意义的东西？感恩只能存在于平等交往关系之中吗？主人是否会对给予他恩惠的奴隶表示感恩呢？

对于上述问题的回答，塞涅卡的观点是：第一，在塞涅卡看来，恩惠“它是别人快乐并以此给自己带来快乐的行为，而且是自愿自发而为的。”因此，对于施恩者而言重要的不是其给受恩者带去了什么或者给予了什么，而是这一施恩行为所表现出来的精神实质是什么，因为决定恩惠价值的不是恩惠本身而是施恩者的良心。同时塞涅卡也指出，恩惠应该是受恩者主动接受的，强行给予的东西不能算是“恩惠”，给他人造成心理负担的东西也不能算是“恩惠”。第二，如何实施恩惠。关于恩惠的实施，塞涅卡特别强调施恩人的动机一定要单纯，并且毫无所求。他认为，施恩者施恩的动机和受恩者接受的动机是理解感恩最为重要的。施恩者若是动机不良，即使施恩行为产生了好结果也不会产生感恩债务。如果施恩者不是为了帮助他人，而是出于牵制、控制受恩者的目的去给予恩惠或是使受恩者感觉很不好，那么这就不能算是“施恩”，也不能说是给予了受恩者好处，因此受恩者无须感恩。如果受恩者不是真心地感谢施恩者，而是在愧疚、责任和愤怒的感觉驱使下做出的反应，那么也不能算是“感恩”。除此之外，塞涅卡对具体如何施恩进行了详细介绍，包括：施恩目的不可被异化、不可失去恩惠的美德性（如果施恩者因为预想到得不到回报就不再施恩，那么就意味着他抢在忘恩者前面犯错）、施恩不可带有侮辱性、施恩应该是主动乐意且毫不犹豫的。第三，感恩是平等主义的。塞涅卡认为，给予恩惠和产生感恩把处在社会体系任意位置的人们连接起来。因此，主人也会对奴隶给予的恩惠产生感恩之情，因为奴隶虽然身体受到其拥有者的控制和支配，但是其思想是自由的，是不被束缚的，在一定情况下，主人也同样处于对奴隶的感恩债之下。因此，感恩绝不是单纯的由上而下的施予。第四，恩惠是无偿给予（赠予），而不是借出。塞涅卡关于市场交换和感恩现象区分的论述是有重要意义的。其在《论恩惠》中对“市场债”和“感恩债”进行了明确的区分，他指出，市场债的交换是一种期待等值回报的行为，而“施恩”和“感恩”之间不是同等价值的市场交换，施恩者在给予恩惠之前是不求回报的，不存在同等价值交换的义务，感恩不应该作为市场债交换的结果而被提倡。第五，感恩与施恩一样，不可被强制。塞涅卡认为强制性的感恩并不是一件值得被赞赏的事，因为这种类似催债的感恩丢失了感恩最原始的美好。毕竟感恩不是“欠债还钱”，没有人会对一个还清债务的人大加赞赏，相反，感恩只有作为一种自觉自愿的美德出现时，才能体现它的真正价值。第六，如何对待忘恩者。塞涅卡指出，作为施恩者，首先应该抱着“施恩不图回报”的心态去施恩，施恩者过急地认为自己的恩惠被浪费了，那他施予的恩惠本身也不算是恩惠，他本人就不能算是真正的“施恩不图报”者，这刚好给了忘恩者一个很好的借口来逃避回报。因此，对于那些忘恩之人，应该宽容待之，同样给予恩惠，并且对忘恩者的惩罚只能限于道德谴责，因为当我们对其进行控诉时，恩惠就开始变成了一种借贷，报恩也会成为一种还债。

2. 亚当·斯密的感恩思想

亚当·斯密是第一个站在心理学角度阐释感恩的社会心理学家，在其著作《道德情操论》中，专章对“感恩”做了十分详细的阐释和论述，在亚当·斯密看来，感恩是一种情感，这种自发的情感会推动着我们去向有意提供给我们恩惠的施恩者做出回报，可见，作为一种自发的情感，感恩能够激发受恩者的利他行为，并将行为的对象指向施恩者。书中，亚当·斯密提出了三个维度来解释感恩现象：第一，什么情况下受恩者可以体验到感恩？第二，感恩情感何时是合宜的，何时是不合宜的？第三，个体感恩是怎么朝着有益于社会的方向发展的？

首先，亚当·斯密指出了三种影响大多数感恩情感体验以及感恩行为表达的心理因素：第一，施恩者给予恩惠的动机，即施恩者是有意给予恩惠还是无意给予恩惠。这里的有意和无意指的是施恩者有帮助他们的意向，是出于良好意图的给予恩惠。第二，施恩者施恩行为的结果是积极的还是消极的，或者说这种帮助是否是成功的。第三，施恩者是否能够与受恩者的感恩体验共情。在亚当·斯密看来，受恩者最有可能对有意且成功帮助了他们，同时能够与他们的感恩体验共情的施恩者表达感恩。可见，亚当·斯密特别强调对施恩行为的意图和有效性的判断，对施恩者的给予行为进行了规范。同时，亚当·斯密也指出这三种社会心理因素虽是十分重要的，但不是绝对的。因为生活中人们往往也会对那些有意帮助他们但是却没有成功的施恩者表达感恩，甚至有时候对仅仅只是好消息携带者的信使也表达感恩。同样地，人们也会对那些无法与他们的感恩情感共情的施恩者表示感恩，例如动物、植物无法与受恩者的感恩情感共情，但是当其给人类提供了某些恩惠或者帮助的时候，恩惠接收者对其表达感恩也是可能的。因此，亚当·斯密对此进行了回答，他指出，善良的人总是习惯表达感恩，因为这会让他们在接受帮助时更加心安理得。善良的人总是愿意承认施恩者的努力和牺牲，因为内心的良心，让其习惯以积极的视角去关注他人。

其次，亚当·斯密在他的同情理论基础上提出了判断感恩情感是否合宜的标准。亚当·斯密谈到，当某种好处或恩惠被给予于受恩者时，感恩便是对这一特定情境的自然反应，但这种反应并非都是合宜的。例如，我们可能对某个施恩者表达感恩，但其施恩意图未必是良好的，这份恩惠不值得我们这样做。我们也可能对某个无意的恩惠表达出过激的感恩情绪体验，但这种反应似乎也有些欠妥。因此，需要对感恩情感进行判断。在进行判断之前，必须先理解亚当·斯密提出的用于判断情感是否合宜的三个概念，第一个概念是“同情”或者称为“移情”，“同情”在亚当·斯密这里是用来表示与某种情感产生共鸣，或在某一情境下产生与他人同样的情感。亚当·斯密认为，同情是一种天生的想象机制，它使我们将自身放到他人所处的位置，即设身处地的想象在那种情境下所能体验到的情感和情绪，正是通过这种设想，使我们可以感受到他人同样的情感，进而可以对其行为做出道德判断，而体验到的情绪的强弱程度，直接受到我们对情境设想的清晰程度的影响。当然，这不是普遍成立的，亚当·斯密指出，“并非每一种情感都会引起同情”，在一定的情况下，我们需要弄清楚导致那些情感发生的原因，否则不仅不会引发同情，我们甚至会对他人的情感表现出不解和厌恶。所以同情感，与其说是因为我们看到他人的某种情感所引起的，不如说是因为看到引起那种情感的处境（原因）所引起的；第二个概念是“共同同情”的需要，亚当·斯密认为，每个人都有与他人共情的需要，当我们发现他人的情感和我们体验到的情感是出乎意料的一致时，我们总会表现出不自觉的愉快；第三个概念是“公正的旁观者”，公正旁观者的概念是基于前两个概念提出来的，作为公正的旁观者，我们通过设身处地的想象自己处于同一情境下的情感体验来判断他人的情感体验是否与自己一致，以此判断他人的情感合宜与否。长此以往，随着个体经验的不断积累，我们学会了以一种公正、冷漠的旁观者（第三者）的身份来理解和判断他人。基于此，通过发挥他人公正旁观者的作用，我们也可以判断自己在某一情境下的情感是否合宜。

那么，公正的旁观者是如何来发挥作用的？首先，公正的旁观者可以与受恩者体验到的感恩情绪共情，但在这之前，公正的旁观者还必须与恩惠起初的给予者（施恩者）的情感、意图和动机产生共情，即对施恩者的施恩情感产生共鸣。如果施恩者的施恩动机是不值得去感恩的，那么公正的旁观者对受恩者体验到的感恩情感是无法同情的，难以与其产生共鸣。其次，由于“共同同情”的需要，个体若想他人与自己的感恩情感共情，而他人又无法对其感恩情感同情时，个体只能调整自己的情感，直到被他人体验到为止。因此，受恩者会在公正的旁观者的影响下，慢慢调试自己的感恩情感，使其以恰当的方式表达出来。值得一提的是，亚当·斯密对于如何判断感恩情感是否合宜的论述是十分有启发性的，感恩在亚当·斯密那里并不是作为一种义务在履行，而是一种自觉自愿的行为，通过公正的旁观者来判断个体的感恩情感是否合宜。一方面给了个体调节自身感恩情感的依据，使其感恩更加合宜；另一方面也使得个体具备了选择是否感恩的自主性。在亚当·斯密看来，培养合理的感恩美德并不是一个容易的事情，在发扬社会感恩美德这件事上，我们能够发挥的空间十分有限，“让立法者取代公正的第三者（旁观者）来做感恩债务的判决者和实施者，也许会削弱感恩情感产生的自然性，使其成为阻碍自然地生成感恩情绪的心理因素之一”。

（二）中国感恩思想

中国的感恩思想源远流长，并一直以儒家文化为载体流传至今。在儒家思想中，不仅体现了“施恩”之美德，还强调了“感恩”之德性。

1.“仁”“礼”：施恩之德

“仁”是施恩之德，“礼”是对“仁”的规范。“仁”和“礼”是儒家思想的核心和主题，“仁”体现了“博施于人”的大爱精神，“礼”彰显了“以礼待人”的君子之德，儒家向来倡导以“仁爱”为本，并以“仁”来维持社会秩序与和谐。孔子重视“仁”，并指出仁即“爱人”，而“爱人”则要求“泛爱众，而亲仁”，即能够换位思考，理解他人、宽容他人、关爱他人，给予他人以恩惠和德泽。在“仁爱”的倡导和推动下，有德之人会“博施于民而能济众”（《论语·雍也》），也就是说，在“仁爱”动机的推动下，圣人和君子会自觉自愿的将恩惠施予众人，而对于一般民众而言，也会主动“爱人”，因为“故推恩足以保四海，不推恩无以保妻子”（孙奭《疏》），“推恩于人”便是“保恩于己”，“恩”既是对他人的给予，也是对自己留有余地，这便是“施恩”。而“施恩”的前提在于“明礼”，礼制约着“仁”的推行，对于施恩者而言，对人恭敬、谦逊、有礼貌是施恩的首要要求，所谓“不学礼，无以立”，君子无“礼”便难以行“仁”。因此，孔子提出了“己欲立而立人，己欲达而达人”（《论语·雍也》）的施恩之德，以己为鉴，再推恩及人，“仁爱”所体现的“施恩”正是推己及人，用真诚的态度将恩泽施予他人。只要认真行“仁”，人人都可以成为圣人和君子，只要以“礼”

爱人，便会得到他人之爱，正所谓“爱人者，以爱还之；敬人者，以礼待之”。

2.“忠、孝、节、义”：感恩之德

儒家思想之中极少直接提及“感恩”，但感恩的思想却贯穿整个儒家文化。比起“施恩”，儒家思想更加重视“知恩图报”的德行，并将其贯穿于社会生活的方方面面。

“忠”，感恩君主、感恩国家。儒家倡导的“君为臣纲”其精神内涵就是臣子对君主和国家的感恩，这种感恩体现为绝对地服从和忠诚，究其本质来看，实则体现的是臣子和民众在政治理论层面上对君主和国家的态度和行为，是下对上、臣对君、民对国的行事准则。君主以恩泽施予臣子之职，国家以后盾施予庇护之恩，这些恩泽是无以为报的，因此个人要像孝敬父母一样热爱并效忠于君主和国家。要有“不因个人祸福、看淡生死、一心为国”的护国之志，还要有“天下之土，皆为国主之土，天下之兵，皆是国主之臣。”的忠君之意。因此，自古以来，不乏有“君以礼待臣，臣以忠事君”的忠义之士，也有“忧国之忧，感君之感，勇赴沙场，视死如归”的爱国之将。

“孝”，感恩父母。儒家可谓将“感恩父母”的德行推崇到极致，倡导的是“百善孝为先”。《孝经·三才章》云：“夫孝，天之经也，地之义也，民之行也”，在古人看来，孝敬父母是人最基本的人性，是天经地义的事，父母生养之恩犹如山之高、海之深，对父母心存感恩、孝顺恭敬乃是一个人的良心和德性，若是一个人连奉养父母都尚未做到，便谈不上“为人”，此人将与豺狼无异。正如孔子言“夫圣人之德，有何以加于孝乎”，在孔子这里，“孝”乃是圣人最基本的德性，人若是连父母都置之不理，那他便算不得是“仁爱之人”。在儒家思想中，感恩父母分为三个从低到高的层次，最低层次是“奉养”，也就是竭尽所能保证父母的吃穿，“凡为人子之礼，冬温而夏清，昏定而晨省。”作为子女最基本的感恩便是知父母冷暖，要时时反省自己，父母身体健乎？父母冷暖知乎？这是身为人子的基本义务；其次是“不辱”，即谨言慎行不为父母蒙羞，立身行道，以扬父母之名；最高层次的感恩是“尊亲”，即尊敬父母，要对父母言语恭敬，语气得体，要诚心诚意地敬重父母，顺从父母，即所谓的“敬亲”和“顺亲”。

“节”，感恩夫君。儒家思想在夫妻关系上提倡夫为妻纲，“夫为阳，阳为贵；妻为阴，阴为贱。”男女能够结为夫妻，是男方对女方的恩典，即是说男方对女方有保护、收容和悦纳之恩，因此嫁为人妇要从属于夫，要以夫为尊，要感激丈夫对自己的欣赏和悦纳，而对丈夫的感恩最直接的表现就是做到“节”，“节”就是指做事有分寸、有尺度，能够保持自己的节操。女子要做到“节”首先需要恪守内外有别，即“男不言内，女不言外”，丈夫把持着家中大权，其次要做到“三从四德”，在家尽心侍奉公婆、丈夫，在外务必保持贞洁，保持节操，要对丈夫忠贞不二。

“义”，感恩朋友。他人以“仁”待我，我亦以“义”待之，古人十分重视朋友之间的“义”，所谓“义者，天理之所宜”，无“义”之人难以立身。以“义”感恩友人包含两个方面：首先，以诚待人，言而有信，这是感恩友人的最基础的德性，与朋友相交，要以信为本，得他人之恩，应该诚信报之，其次，重义轻利，所谓君子重“义”，小人重“利”，与朋友相交应该“义”为先“利”在后，要在朋友困难之时出手相助，要在朋友危难之时，两肋插刀，即“舍生取义”，这便是对朋友之恩的最高报答。

可见，整个儒家思想中不仅包含了“感恩”的思想，而且对施恩者和受恩者双方都有明确的道德要求，一方面，“知恩图报”是对受恩者的道德要求，如果受恩者“受恩不报”甚至“忘恩负义”便难以立身，受人唾弃，还“恩”于人，才能保节于己；而另一方面，“施恩不求报，与人不追悔”是对施恩者的要求，如果施恩者动机不纯，帮助他人是为了获得钱财、名誉等回报那便是“假仁假义”，对于“假仁假义”之人，不仅不会得到受恩者的感恩，有时甚至招致怨恨和报复。所谓“君子不受嗟来之食”，“假仁假义”的、轻蔑性的施舍不算是“施恩”，因此施恩应该讲究一个“礼”字，这个礼正是对施恩行为的道德规范。

通过对中外感恩思想的溯源可以看到，受历史局限性的影响，不管是西方还是中国在论及“感恩”时都不可避免地存在一些不足和缺陷，但是抛开糟粕的部分，我们还是可以得到关于“感恩”的重要启示：思想家们在论述“感恩”时都是从施恩者与受恩者两个方面来谈论的。例如，西方思想家对施恩者动机的重视以及对受恩者回报的强调，中国儒家思想中既有对施恩者德行的要求，也有对受恩者“知恩图报”的要求。因此，从这个角度来看，要理解“感恩”必须先理解施恩者与受恩者之间的双重关系，必须将“感恩”放到施恩与报恩的关系中来分析，“感恩”从来都不是单方面的存在，而是关系性的存在。

四、“感恩”词源分析

不妨再从词源的角度来进一步了解“感恩”。在西方，“感恩”一词源自拉丁字根“gratia”，意为感激、恩惠、仁慈、优雅、令人愉快的，其内涵释义最初源自基督教教义，表达的是在世之人对上帝的终极感恩，并且通过人与人之间的关爱互助来表达对上帝仁慈的感恩，以此求得灵魂的获救。在西方的语境中，“感恩”一直与宗教形影不离，并弥散在社会生活的方方面面，最为典型的就是传统的“感恩节”。

在我国，早在晋代就曾出现过“感恩”一词，西晋的潘岳之《关中》一诗最早出现“感恩”一词。诗云：“观遂虎奋，感恩输力。”同一时期，陈寿的《三国志·吴书·骆统传》中也写道：“飨赐之日，可人人别进 ...... 令皆感恩戴义，怀欲报之心。”这里的感恩是知恩图报，心怀感恩之意。在《三国志·吴志·朱桓传》中也有感恩的出现："桓分部良吏，隐亲医药，食粥相继，士民感恩之"，这里的感恩也是感激之意。之后，在我国古代书籍中"感恩"一词出现频繁，尤其是在儒家经典著作中，多处提到"感恩"，《论语·学而》云："孝悌也者，其为仁之本钦"，"孝悌"乃是对父母长辈以及国家的感恩之情。《诗经》也云："投我以木桃，报之以琼瑶"，指的是对他人的施恩，应加倍还之，以表谢意。从词语组成结构上看，感恩由"感"和"恩"二字组合而成，东汉的许慎在《说文解字》中对感恩的解释是："感，动人心也；恩，惠也；从心，因馨"，进一步解释为"从心、从因，因从口大，乃就其口而扩大之意，亦含有相赖相亲之意，心之所赖所亲者，彼此必有厚德至谊，故恩之本义作'惠'解，即他人给我或我给他人之情谊、利益，称之曰恩"。这里的"恩"就是恩惠，是他人给予自己或者自己给予他人的一种好处、一种帮助、一种利益，恩惠的给予是因"心"而为（由内而起），故而为"恩"，这是出于内心善意之举，正因其是他人善意的帮助和好处，所以受恩者对此施恩之举心生感激，乃有感恩之意。由此，"感者，动也。应者，报也，皆先者为感，后者为应"。所以，感恩之情，是由内而生，由心所起，是发自内心地对施恩者给予自己的恩惠的一种感激、触动和感动，是对恩惠给予者的一种认可和欣赏。从字形上看，"感"和"恩"都是"心"字为底，以心为依托，意味着感恩之言或者感恩之行是个体内心的外显形式，是对心迹的一种呈现，只有内心真正受到触动，即发自内心的感动才是真正意义上的感恩。"感恩"必然是先"感"后"恩"，而"感"又必然以心为基础。同样的，"恩"因心而起，感恩又必然因心而发，"因"字还代表着受恩者对其恩惠的因由和来源进行默忖，要时常怀有"落其实者思其树，饮其流者怀其源"之心。可见，从词源学分析来看，感恩是由心而发，强调内心所触、所感，同时也强调事之因由。

第二节　人生与感恩

一、感恩的意义

（一）有利于和谐社会的构建

和谐社会不但是人与自然的和谐，更是人与人的和谐。生活在社会大家庭里的青少年学生，受到许许多多恩泽，有大自然的给予、国家的培养、父母的养育、师长的教诲、亲友的关爱、他人的服务、陷入困境时好心人的救助等。学生只有学会感恩，才会少些抱怨、仇恨和对抗，多些宽厚、友善和快乐；才会对生活寄以希望，对别人施以爱心，对工作报以敬意，对社会予以回报；才能在社会中与人和谐相处。

（二）有利于民族文化的传承

我国历来重视道德修养和文明礼貌，感恩意识源远流长。在我国的传统文化里，既推崇“施恩不图报”，也推崇“滴水之恩，当涌泉相报”。儒家文化强调“感恩”美德的培养，甚至把“软”的感恩意识逐渐转化为“硬”的规章制度加以强力推行。这些都说明，“感恩”是社会上每个人都应该有的基本道德，是做人起码的修养。现在提倡感恩教育，既是现代文化与传统文化的对接，也是人性回归的需要。

（三）有利于青少年学生的健康成长

感恩之心是一种美好的感情，没有一颗感恩心的人永远不能真正懂得孝敬父母、理解他人，更不会主动地帮助别人。感恩是一种美好的情感，是人性和人的高贵情感之所在。一个人如果不知道感恩并以实际行动来报答他人和社会的恩情，那他就不是一个人格完整的、心灵健康的人。感恩有时并非人的天性，需要感恩教育的点拨。感恩教育让学生懂得他们享有的一切并不是理所当然的，他们需要拥有一颗感恩的心来对待这一切。感恩教育促使青少年思考问题，体谅父母的辛苦和他人的善意，体会社会的恩惠，增强人情味和社会责任感，使他们能体会到一个人再强也离不开他人的帮助，对他人施予的恩惠即使再小也要铭记于心，并知恩图报。通过这种教育，希望学生能在正视个人价值的情况下，在生活中也能考虑到他人，学会感恩、懂得感恩，性情更豁达、心胸更开阔，不会为了一些鸡毛蒜皮的事情而生仇、记仇甚至报仇。

二、人生与感恩

（一）感恩是一种生活态度

感恩是一种生活态度，是随时随地发现美、感受美、欣赏美，是随时随地感谢平凡生活中的幸福。街边一朵绽放的小花、田间一片苗壮的菜苗、地上一只活蹦乱跳的小猫，都值得我们欣赏；家人的一番叮嘱、友人的一句问候、路人的一个微笑，都值得我们感谢；对乞讨者的一次施舍、对小摊贩的一次光顾、对老弱病残的一次礼让，都值得我们行动。只有以随时感恩的心态面对生活，才能让内心变得温暖、健康和积极，才能随时感受到这个世界的温暖、健康和积极。正如英国作家萨克雷所说，“生活是一面镜子，你笑，他也笑;你哭，他也哭”。你感恩生活，生活将赐予你灿烂阳光；

你怨憎生活，生活将回报你黑暗阴霾。

在洛杉矶的一家旅馆，一位华人女士遇到三个在餐桌上埋头写字的黑人孩子。她从与他们的交谈中知道，这三个孩子是三兄妹，和母亲暂时住在这家旅馆，因为他们正在搬家，新房还没安顿好。当问他们正在做什么时，老大一副理所当然的表情说他们正在写感谢信。“写给谁呢？”“写给妈妈。”“为什么？”“我们每天都写，这是我们每日必做的功课！”女士看了看三个小孩信中的内容，全是“路边的野花开得真漂亮”，“昨天吃的比萨饼很香”，“昨天妈妈给我讲了一个很有意思的故事”之类的简单语句。女士忽然明白，原来他们写给妈妈的感谢信不是专门感谢妈妈给他们帮了多大的忙，而是记录下他们幼小心灵中感觉很幸福的一点一滴。他们还不知道什么叫大恩大德，只知道对于每一件美好的事物都心存感激。他们感谢母亲辛勤的工作，感谢同伴热心的帮助，感谢兄弟姐妹之间的相互理解……

这三个小孩子的故事很好地诠释了感恩的生活态度，他们在母亲的引导下，从小就学会感谢他人、感恩生活，他们的人生必定是乐观积极多于悲观消极的。相信无论他们以后成为什么样的人，从事什么样的职业，由从小知恩感恩带来的内心的宁静、平和，都会一直伴随他们。对于我们每一个人来说，失意在所难免，幸福也随处可见，何不忘却无法改变的失意，幸福俯拾皆是。感恩不一定是感谢大恩大德，感恩不一定是倾力而为，感恩是一种生活态度，更是一种健康心态。

以感恩的态度面对生活，首先是对自己的肯定，是善于发现生活的幸福和快乐；以感恩的态度面对生活，是对他人的欣赏，是善于看到他人的优点和可借鉴之处；以感恩的态度面对生活，是积极的人生，是善于从生活中找到平衡、从所失中看到所得。

1. 感恩是对自己的肯定

首先是乐于肯定自己。每个人都是独特的个体，每个人都是自己故事的主角，正是无数个“个人”才构成了这个五彩缤纷的社会，正是无数个“个人”才谱写了一段段轰轰烈烈的传奇。你可以感叹自己出身贫苦，也可以感恩自己从小就懂得自强与自立；你可以感叹自己受挫太多，也可以感恩自己积累了足够多的经验与教训；你可以感叹自己压力过大，也可以感恩自己面对强大的动力和激励。人的一生不可能一帆风顺和一路平坦，也不可能没有挫折和失意，关键在于要肯定自己、永远不放弃自己，走好每一步，以感恩的心面对人生、走出属于自己的精彩。感恩，是珍惜自己、爱护自己、善待自己；感恩，是对自己的肯定。其次是善于发现幸福。很多人总在抱怨自己失去的和没有的，却从未看到自己拥有的；很多人总是看到人生的遗憾和痛苦，却忽视了原本拥有的幸福和快乐。人生短暂，时光匆匆，当时间被消极的人耗费在哀叹和抱怨中时，积极感恩的人早已乘风破浪起航远行。感恩让你发觉自己的优点和长处，感恩让你发现生活的幸福和快乐，感恩让你看到前方的机会和希望。感恩自己所拥有的，你会是个幸福的人；肯定自己并作出更多的努力，你总会得到应有的回报。

2. 感恩是积极的人生

感恩，使人乐观面对不幸。我们经常看到这样一些自认为不幸而经常抱怨的人："真不幸，今天下大雨了却没有带伞""真倒霉，被老师骂了一顿""真悲惨，丢了钱包又丢了饭卡"……对他们来说，这个世界的不顺心太多，需要埋怨的事情太多。其实，这些生活中的小事情，比起流离失所的人、发生严重车祸的人、身处战争之中的人，不幸程度怎能相提并论？会感恩的人是明智的人，他能看到不幸之中的幸运，他会感恩雨后更加美丽的晴天，他会感恩蕴含在批评之中的期盼，他会感恩经历丢失之后的小心和谨慎。有些事情无法避免，有些事情无力改变，我们要做的就是或尽力挽回，或坦然接受，最重要的是，以感恩乐观的心态面对不幸。

感恩，使人宽容对待他人。人在一生中不可避免地要与各种各样的人打交道，其中一些人或尖酸刻薄，或飞扬跋扈，或斤斤计较，这些人惹人憎恨，你却必须强颜欢笑与之合作，而厌恶之情难以下咽，徒增痛苦。但如果你换一个角度看问题，首先感恩自己的家人和成长环境没有把自己培养成这类人，其次宽容这些人的所为、理解他们的想法，你的心态也平和，你的收获也更多，不乐哉？以感恩生活的心，宽容他人的无礼冒犯、宽恕他人无意的伤害、宽谅他人理性的批评，以德报人、以理服人、以情感人，这样的人生将更加广阔。

当我们以感恩的心态乐观面对不幸时，我们的生活已经有一半的积极；当我们以感恩的心态宽容对待他人时，积极的生活已经充溢着我们的人生。

（二）感恩是一种处世哲学

感恩是一种处世哲学，感恩让人勇敢地面对失败，旷达地处理挫折。在失败和挫折面前，你可以选择一味埋怨、消沉低迷，你可以选择心怀感恩、从跌倒处爬起来。"我的手还能活动，我的大脑还能思维，我有终生追求的理想，我有爱我和我爱着的亲人与朋友，对了，我还有一颗感恩的心……"这段话若出自平常人不足为奇，但它却出自一位在轮椅上生活了三十余年的高位瘫痪患者——世界科学巨匠霍金。霍金的身体状态对常人来说再糟糕不过，但是他仍然感到满足，并对生活充满感恩之心。一根能活动的手指、一个能思维的大脑，能让高位瘫痪的科学巨匠心怀感恩，一切正常没有残缺的我们还有什么可抱怨？还有什么可迟疑？感谢霍金给了我们这样一个感恩人生、精彩生活的例子。

感恩，是生活的大智慧，是现代社会成功人士健康性格的表现。感恩增强自身信誉，有助于提升自己在他人心目中的地位；感恩拓展交际圈子，以诚感人、以心动人最能交到知心朋友；感恩既提升自我又温暖他人，感恩在现代社会中扮演着温情的角色。

1. 感恩增强自身信誉

感恩增强自身信誉，否则自毁声誉、追悔莫及。在今天的社会主义市场经济条件下，很多大学生更多地关注如何享受生活、如何找好工作，却很少关注如何承担责任、感恩社会。一些大学生依靠社会资助和国家贷款完成了大学学业，工作后却不表感恩、不还贷款；一些大学生毕业后在工作岗位上获得出国深造的机会，学成后却毁约抛弃原来的单位到别处高就；一些大学生在工作一两年后离开为自己垫付学费的单位，却连单位垫付的学费都不予偿还……做人基本的诚信都没有了，还谈什么感恩社会？感恩这么基本的道德都抛弃了，还谈什么个人信誉？当贷款买房被银行拒绝时，当转移个人档案被单位拒绝时，追悔莫及的是他们自己。

当你以感恩的心态面对人生时，你的个人幸福感会增强；当你以感恩的方式为人处世时，你的自身信誉会增强。感恩让你处处为别人着想，感恩让你时时以大局为重，感恩让你赢得他人的信任和尊重，感恩让你成为受社会欢迎的人。

2. 感恩拓展交际圈子

感恩拓展交际圈子，感恩让人把生活看成一道模糊数学题，并不强求它种瓜得瓜、种豆得豆，而是不计较那么多的得失，以真诚赢得他人的真心，从而广交朋友、广结人缘。同是曾经大权在握的两位退休老局长，一个见到旧部下和老同事就称赞和感谢他们当初对自己的支持和帮助，毫无架子、毫不计较，每天总有人找他下棋、钓鱼或者是喝茶聊天，他的感恩心态让自己心情舒畅，同时也为自己营造了一个良好的交际圈子；而另一个却放不下局长架子，见到熟人就抱怨他曾经提携过的某某人、帮助过的某某人如今在他退休后一个个都消失得无影无踪，久而久之，经常看望他的熟人都受不了他的抱怨和倾吐而不再登门拜访，而他因为自己以前提拔起来的新局长见到他没有打招呼而气得生病数月，后来，退休没几年的他因病谢世。

怀着感恩之心，你的生活就会像前一个退休局长一样，高朋满座、有滋有味；忘却感恩、自怨自艾，你的生活就会像后一个退休局长一样，孤家寡人、郁郁而终。感恩拓展交际圈子，感恩让你的生命充满阳光，吸引着无数花儿一样的心灵向着你悄悄开放。感恩之心，就是一颗快乐之心；感恩之心，就是一颗集聚人气之心。

3. 感恩既提升自我又温暖他人

感恩既提升自我又温暖他人，感恩让人胸怀大度、处事豁达，最终利人又利己。有一个僧人，乘船渡江时因风大浪高而翻船，僧人在江中沉浮了很久才筋疲力尽地爬上岸来。他上岸的第一件事，不是责骂船家的无能让他丢失行李，也不是诅咒恶风险浪差点要了他的命，而是跪在岸边遥拜师父：“谢谢师父！”有人不解，僧人说:“原来我并不喜欢游泳，每次都是师父强把我拉入水中，教我学会的。不是师父，我命今日休矣！”在度过灾难之后，僧人第一个想到的是感恩师父，而不是责备他人，如此超然，他无疑在自我修行上又提升了一大步，而留给他人的温暖和感动也是相当之大。

感恩不是隔着有色玻璃看世界一片光明，而是有选择地看美好的事物，对于那些不美好的东西，我们会说“即便如此，还是有希望”。感恩是道义上的净化剂，感恩是道德上的原动力，感恩让你的心灵和你所企盼的事物联系得更为紧密，感恩助你提升自我的思想和精神境界，感恩温暖和激励他人与你同行。

（三）感恩是一种优良品德

感恩是一种美德，在物欲横流的现代社会中，感恩更是弥足珍贵、不可或缺。感恩是人生品质的体现，感恩是生命美好的基础。2008 年 5 月 12 日，当地震袭来，灾区内的人们痛失家园，灾区外的人们心中牵挂。当电视画面中出现一幕幕悲壮的救人场景，随之响起的一曲《感恩的心》，让多少人落泪，让多少人感动，让多少人重新反省自我。“我来自偶然像一颗尘土 / 有谁看出我的脆弱 / 我来自何方我情归何处 / 谁在下一刻呼唤我 / 天地虽宽这条路却难走 / 我看遍这人间坎坷辛苦 / 我还有多少爱我还有多少泪 / 要苍天知道我不认输 / 感恩的心感谢有你 / 伴我一生让我有勇气做我自己 / 感恩的心感谢命运 / 花开花落我一样会珍惜……”

感恩是一种美德，感恩不仅是个人的思想品德修为，还是社会集体思维行动的指南。感恩推动个体关心他人，感恩者总能感化周围志同道合的人心系他人、帮助他人；感恩促进社会互助互持，感恩的力量汇聚成河，人与人之间的友善帮扶就永远不会停歇；感恩是不可或缺的人生美德，懂得感恩的人是心胸广阔的人，懂得感恩的人是心灵富足的人。

1. 感恩推动个体关心他人

感恩推动个体关心他人。2008 年，唐山的 13 位农民成立了一支应急救灾小分队，分别在当年 2 月份的湖南郴州雪灾和 5 月份的四川汶川地震中发挥了重要的救援作用。这 13 位农民最大的 62 岁、最小的 19 岁，其中有三对兄弟、两对父子，被亲切地称为“唐山十三义士”。他们自发组织起来的动机只有一个：感恩。他们说：“30 多年前唐山大地震时，全国人民都在支援我们，现在正是应该我们支援他们的时候。”在他们的感召下，一批又一批志愿者来到灾区参加救灾工作和灾后重建工作。是感恩的力量让经受过地震的唐山人民铭记恩情，是感恩的力量让“十三义士”自发组织起救援团队，是感恩的力量号召了后来一批一批的灾区志愿者。

唐山人民作为个体，曾经深刻体会“一方有难，八方支援”带来的慰藉和帮助，他们将感恩之情铭记于心，默默地凝聚成一股溪流，给郴州和汶川的灾区人民雪中送炭，并带动全国人民，汇成了温暖人心的志愿洪流。感恩让人关心他人，感恩让人伸出援手，当感恩转化为帮助他人的实际行动后，其强大的力量不可小觑。

2. 感恩促进社会互助互持

感恩促进社会互助互持。公交车上的一次让座，可能让整个车厢阳光灿烂；小朋友的一次捐款，可能让所有大人纷纷解囊。感恩让人与人之间、人与自然之间、人与社会之间的关系变得更加协调，感恩是维系社会和谐的一个重要纽带。

2008 年的汶川大地震，让全中国人民都体会和理解到了感恩的真正意义。当早已对人间疾苦表示漠然的我们纷纷伸出援手尽己所能，感恩之心在我们心中萌芽；当灾区民众在最艰难困苦的时候得到四方支援八方帮助，感恩之心在我们心中成长；当满目疮痍的灾区旧址逐渐被宽阔马路、崭新高楼替代，感恩之心在我们心中成熟；感恩，是大地震对我们的集体洗礼。因为感恩，我们互助互持；因为感恩，我们人定胜天；因为感恩，我们增强民族凝聚力。

3. 感恩是不可或缺的人生美德

感恩是做人起码的修养，感恩是每个人都应该具备的基本道德准则。可以让我们感恩的太多：感恩父母的养育，感恩师长的教诲，感恩社会的安定，感恩食之香甜，感恩衣之温暖，感恩爱之美好，感恩花鸟鱼虫，感恩苦难逆境。就连自己的敌人，也应该感恩——感恩伤害你的人，因为他磨炼了你的心志；感恩绊倒你的人，因为他强劲了你的双腿；感恩欺骗你的人，因为他丰富了你的智慧；感恩藐视你的人，因为他觉醒了你的自尊；感恩遗弃你的人，因为他教会了你该独立。

感恩，是不可或缺的人生美德。感恩是一种责任意识、自立意识、自尊意识，是健全人格的基本体现。不懂感恩的人是残缺的人，不懂感恩的人生是不完整的人生。

第三节　特殊大学生与感恩教育

一、特殊大学生

（一）残疾大学生

残疾人是指在心理、生理、人体结构上，某种组织、功能丧失或者不正常，全部或者部分丧失以正常方式从事某种活动能力的人。残疾人包括身患视力残疾、听力残疾、言语残疾、肢体残疾、智力残疾、精神残疾、多重残疾和其他残疾的人。残疾大学生就是指具有残疾人特征的同时在高等特殊教育学校或普通高等学校接受教育的学生。

（二）残疾大学生主要心理健康问题

1. 自卑

残疾会使得残疾大学生在学习、生活、就业等方面遇到比健全人更多的困难，加上社会上的歧视，使残疾大学生会产生自卑心理，有时会刻意隐藏自身存在的缺陷，缺乏对自我的认同感。

2. 多疑

生理的残疾容易使残疾大学生过多关注自我，常常猜测别人对自己的看法，对别人的态度和评论特别敏感，经常会怀疑别人歧视自己。同时，由于生理的残疾，在学习、生活中遇到的诸多挫折和失败，也容易导致残疾大学生对自己产生怀疑。

3. 孤僻和自我中心

由于生理的残疾，残疾大学生对社会的歧视和偏见比较敏感，为了避免受到伤害，他们的交往面一般比较小，而且倾向于和自己同类的人交往。如肢残者一般同肢残者交往，很少同听力残疾者交往，这在很大程度上造成了残疾大学生的孤僻和以自我为中心。

二、残疾学生与感恩教育

在我国，知恩图报是我们一直以来的传统美德，在我国的文化中也有很多关于知恩图报的诗句和名言。比如：滴水之恩、涌泉相报；还有对父母之恩的：谁言寸草心，报得三春晖以及吃水不忘挖井人，等等。目前，社会变得越来越冷漠，人与人之间的距离感是比较强烈的，因此需要加强对青少年的情感教育，尤其是感恩教育。

在感恩教育中，尤其是特殊学生，进行感恩教育是非常有利的，感恩教育不只是教育学生回报父母、老师，还要教育其回报社会，培养学生的责任意识和自主、自尊意识，并且帮助学生健全和完善其人格。感恩教育要求教育者具有良好的道德品行，遵循道德教育的规律，注重教育的方法和手段，培养学生的感恩意识，并且进行一系列的被社会大众认可的感恩活动。总之，感恩教育要将情感教育和道德教育相结合，以情动情，以德报德，是一种对人性善良的一面的唤醒。

感恩教育不但可以帮助残疾孩子更加健康地成长，还可以为特殊教育学校赢得更多地关注，帮助特殊教育事业更加长久、稳定地发展，从而更好地为残疾孩子服务。首先，感恩教育对于残疾孩子的成长是非常必要的。残疾孩子只是身体上面的残疾，而非人格上面的残疾，因此需要对其进行感恩教育，帮助其建立健全的人格。

目前，社会各界对于残疾孩子的关爱非常多。我国每年五月的第三个星期日是助残日，社会各界对残疾孩子的帮助使得残疾孩子的学习生活条件得到了很大的改善，但是对于残疾孩子往往只是被教育说谢谢，并没有实际的教育孩子如何回报社会和那些爱心人士，导致残疾孩子在进入社会之后只是单纯地想要依赖社会，而不是希望通过自己的努力来生活，更甚至回报社会，这对于残疾孩子是非常不利的。感恩教育要教育残疾孩子感恩父母、感恩老师、感恩同学、感恩所有对自己有过帮助的人，只有懂得感恩，才会在步入社会的时候，可以更好地生活和回报社会。

其次，感恩教育对特殊教育事业的发展是非常必要的。在特殊教育学校，学生往往会存在一些性格上的缺陷，如以自主为中心、或者对他人比较冷漠、同时学生之间缺乏情感交流、学生不懂感恩，因此，要通过各种不同的感恩教育活动，让学生在各种活动中体会感恩，从心底里认同感恩教育，做到润物细无声，唤醒学生对父母、社会的感恩意识，培养学生对社会和人民的责任意识。并且促进学生不断进行学习。

目前，我国对于特殊教育的资助和投入是非常大的，对于特殊教育的发展是非常有利的，但是我国目前还属于发展中国家，而特殊教育是一项庞大的、系统性的工程，仅仅依靠政府和社会各界的资助是无法真正地建立起完善的特殊教育体系的。因此，需要教育孩子努力学习，懂得感恩，将来可以回报社会，但是目前我国的特殊教育学校还是存在一些欠缺，需要不断地帮助残疾孩子可以不断努力学习，并且充满感恩，让社会看到特殊教育学校的孩子们除了身体有所缺陷之外，其具有健全的人格和善良的品性，这样不断可以帮助孩子们更好的生活发展，也可以得到社会各界更多的关注和帮助。总之，特殊教育是一项非常复杂且艰难的事业，需要社会的支持和学校自身的不懈努力。

最后，感恩教育对于构建和谐社会也是非常有利的，在特殊教育学校中，需要教育学生感恩所有帮助、关心和鼓励我们的人，包括父母亲人、老师同学、朋友还有国家、社会以及对大自然等，但是现在的社会人与人之间越来越冷漠，知恩图报的思想已经越来越弱了，因此，急需要进行感恩教育，尤其是在特殊教育学校，特殊教育学校的学生往往因为一些生理缺陷比起正常的学生来说，与人相处存在的问题更多，往往更有距离感。感恩教育不仅是一种情感教育，同时也是人生更好的境界，并且可以获得更大的情感回报。在整个社会，甚至整个世界中，怀有感恩之心，人人心生感激，人们之间的距离会越来越近，世界也会越来越温暖。

第二章　感恩心理的产生与作用

第一节　感恩的心理实质

一、感恩心理

一般来说，感恩心理包括识恩、感恩、报恩、施恩四个环节。其中，识恩体现了感恩心理的认知过程；感恩体现了感恩心理的情感过程；报恩和施恩体现了感恩心理的行为过程。可见，感恩主要是一种情感意义上的概念，我们不能简单地把“情感”等同于“认知”或“行为”。同时“感恩”不同于“识恩”“报恩”“施恩”，感恩是个体内心因体验到他人的帮助而产生的感激等情感。因此，基于中国传统文化（即认为感恩是一种传统美德）的背景，从情感心理学的角度出发，我们认为感恩是一种道德情感，是指个体对他人帮助产生的感激之情，不妨称为感恩情感（gratitude affection）。

二、感恩心理分析

感恩教育说到底是形成个体感恩品质的教育，因此还必须走进个体的感恩心理之中，对个体感恩心理的分析一方面可以进一步深入理解“感恩”的本性，即“感恩”与单纯的“报恩”存在区别，且“感恩”不是“亏欠感”和“负债感”；另一方面也对个体感恩心理行为结构以及个体感恩品质形成规律有进一步的认知，为后面构建感恩心理行为结构以及分析个体感恩发生机制打下基础。

（一）感恩心理的哲学阐释：精神需要

马克思关于人的本质的理论可以解释这一问题。马克思论述人的本质时，不是像其他思想家一样将人当作是孤立的、静止的和不变的人，而是以“现实的、从事社会实际活动的人”为出发点，将人置于实际生活以及社会关系之中来论述的。因此，马克思从人的需求的多样性出发，将人理解为三个层面的统一体，即人具有自然属性、社会属性和精神属性。每一个属性都代表了个体的某种需求，这三个层面的需求从低到高逐渐实现人的自我发展。人首先是自然性的存在，有着基本的生理需要，在这一点上人与动物无异，有着基本的生存本能，但人又不仅仅是物质层面的人，作为具有双重属性的人，人还必须追求社会和精神这两个更高层面的属性，正因如此，才能将人与动物区分开来，人之所以成为人而与其他生物产生区别，正是因为人生活在社会之中，在人际交往中产生了“人性”，“人性”将人与其他生物做出区分，“人性”将人从“物性”中转移出来，“人性”使得人具有超越物质层面的精神上的追求。所以，人不可能是孤立存在的，孤立的人是无法生存的，即使生存下来，他也不具备“人性”不能称为真正意义上的人，正如国外“狼孩”实验，将人与狼生活在一起，人将不再成为“人”，而是具有人类形态的动物而已。马克思曾指出：人必须生活在社会之中才能作为“人”而真实存在。人的这种合群性使其能够在社会中生存和发展，因此，人要想生存，必须在通过劳动建立起来的各种社会关系中存在，人是社会关系的产物，人们在各种社会关系中不断进行实践活动，同时为了避免出现霍布斯所言的“人对人如同狼对狼”的局面，逐渐形成了普遍性的规则，这种规则被大家所认可并自觉地遵守，社会道德规范由此而来。而人的社会性存在决定了人必须对这种普遍性的原则产生认同并主动接受，否则他将不被社会所认可，难以在社会中生存下去，因此，个体想要获得他人的认可和接受就必须学习这种共同的“契约”，必须接受社会所认同的价值标准。而“接受 - 给予”作为社会普遍认可的道德规范是个体必须遵守的，并随着长期的交往实践逐渐内化为个体的一种内在规范和行为准则，因此当个体受到他人的“给予”时会产生回报的心理，但“回报”又不完全等同于“感恩”，这种“回报”类似于一种市场交换的“接受 - 给予”，是一种互惠规则，而“感恩”则有其情感性的一面，因此作为精神性存在的个体则有更高的需要，即爱、尊重以及自我实现等需要。人们愿意给予、帮助和付出，从最根本的意义上说，是为了爱、尊重和自我实现的需要，是为了得到他人的尊重、认可或者是为了自己的道德理想，同样的，个体得到他人的帮助会表现出感恩也是为了得到他人的尊重和认可或者为了更高的道德追求。总而言之，感恩是由个体内在的需要而引发的，是一种自觉自愿的行为反应，体现了人与人之间的互相关爱。即“施恩”是爱，是施恩者对于他人的关爱，而“感恩”也是一种爱，是受恩者对于施恩者的“爱”的一种回应。

（二）感恩心理的伦理学阐释：爱人之心

伦理学从人性论出发对人的一切伦理行为进行了解释，指出每个人无论其多么自私都或多或少的有着“爱他”的思想，这是因为生活在社会中的人都多多少少的能从其他主体那里得到物质上的利益或者精神上的快乐，从而势必有着一些爱人之心，爱人之心是个体的一种心理反应，这种反应源于他人所给予的快乐和帮助，它激励个体用回馈行动来使他人也同样获得快乐与幸福。当这种快乐和利益是他人无意给予于个体的，如孩童的可爱、少女的纯洁。那这种精神上的快乐和物质上的利益在个体看来便不是“恩”,个体只会产生“爱”的情感而不会有报恩心理反应,即不会产生出将“爱”和“幸福”传递回去的欲望;当这种快乐和利益是他人有意（有善意的）给予于个体的，如老师的师恩、路人的善举。那么个体在产生爱的心理反应的同时，也会激发出一种回应“他爱”的心理，即报恩心理（爱他心理）。可见，报恩心是对有意给予自己精神快乐和物质利益的其他主体所产生的也有意给他以精神快乐和物质利益的心理。报恩心根源于“爱”,体现的是“爱人之心”。感恩心的行为目的是给予施恩者快乐和利益，而不是进一步从施恩者那里索取快乐和利益；是给予而不是索取，是为了施恩者而不是为了自己，而这一切行为的原因则是曾经施恩者有意给予过自己快乐和利益。除此之外，移情也是感恩心产生的一大动力，亚当·斯密曾指出，在人的本性之中总是存在着一些关爱他人的原理。人们总是通过设想自己处于他人的处境来感受他人的情感，甚至与他人产生共情，例如我们常常会因为他人的悲伤而感到悲伤，也往往会因为他人的快乐而自觉快乐，我们或多或少都会受到他人情绪的一些影响，这种影响悄无声息，类似本能。感恩心的产生也是如此，当受恩者设身处地地将自己置于施恩者的位置，切身体会施恩者的善意和关怀，会对施恩者的善行产生感激之情，这种情感的产生是个体内在的一种心理反应，是源自人的本性的一种反应。

（三）感恩心理的心理学阐释：积极认识与积极情绪

虽然哲学、伦理学等领域都有关于感恩心理的阐述，但关于个体感恩心理的探究还需要从心理学领域寻求一些更为直接的依据。心理学关于感恩的研究开始于 20 世纪末，随后逐渐发展成几大核心的理论，其中认知情绪理论和情绪体验理论对感恩心的产生进行了阐释和研究。通过分析这两大理论我们可以看到个体的感恩心理的基本特征和产生机制。

1. 认知情绪理论

认知情绪理论认为，个体的感恩源自个体对自己所得益处的积极认知，即个体认知到这种积极的结果不是自己应得的，而是由外界活动造成的。换言之，感恩的基础是个体不应得美德的观念，正因为个体有这样一种观念，才会产生感怀之心。米勒德等人认为，感恩就是个体对自己历经中的增量（这种增量是有价值的、不应得的）的一种认可，对于受恩者而言，意识到自己明明没有作为，却得到了他人不求回报的恩惠或益处，这是自己不应得的，是他人的善行，由此产生一种对他人的感恩冲动。还有学者认为，感恩是受恩者对恩惠和利益的一种估计以及对施恩者的一种判断，感恩表现了受恩者对恩惠给予者以及恩惠本身的一种态度，合理有效的利用恩惠，以便与施恩者的意图取得一致。国外心理学者菲茨杰拉德还区分了感恩心理的三种成分：对施恩者的高度欣赏感和温暖感；对施恩者的一种好感（良好意愿）；从欣赏和好感中表现出来的感恩他人的倾向。从这三种成分中我们可以看到，感恩源自受恩者内心对施恩者和恩惠的一种欣赏和认可，受恩者感受到这种施恩行为的友好，从而自然地产生出一种回报的欲望，这种感恩内隐于心，外显于行。然而，受恩者对施恩者的欣赏和认同不是无条件的，其受到施恩者意图和受恩者认知的影响。心理学家海德便十分强调施恩意图对感恩的影响，其在研究中指出，当个体收到来自外界的帮助或恩惠时，如果在其看来这是一种有意地无偿帮助，个体就可以体验到感恩之情，由此可以看出，个体面对恩惠是否会产生感恩情绪在很大程度上受到施恩意图的影响，在这里施恩意图的可识别性，成为影响感恩之情发生的最重要因素。而当施恩者要求受恩人回馈时，结果往往不尽人意，因为作为受恩者而言，他们倾向于把感恩归因于欣赏、钦佩、感动等内在的动机，而不是职责、义务或社会规范等外在的因素。那么，受恩者为什么会感恩他人呢？韦纳指出，感恩作为一种情绪，是一种归因依赖型状态。他区分了两种归因类型：一种是结果依赖型，看重行为的结果，结果的好坏直接决定认知评价的欣赏或否定；另一种是原因依赖型，看重行为的动机和意图，只要行为发出者的意图是好的，动机是善的，那么认知评价便是赞美和欣赏。韦纳认为，感恩便是属于原因依赖型的情绪，作为受恩者十分介意施恩者的意图和动机，这是引起感恩情感和感恩行为的前提，作为原因依赖型的感恩，其认知形成过程有两个步骤：首先，认识到自己已经得到了某种恩惠或某种积极的结果；其次，认知到恩惠或积极结果是由他人良好意图造成的。

从认知情绪理论中我们至少可以看到，感恩是个体对施恩者善意行为的赞赏、认可和接受，是愉快、欣喜和感动，即个体感恩首先来自于个体对恩惠和施恩者的欣赏和认可，这种欣赏和认可会使受恩者接受恩惠的同时产生愉快和感动，进而产生感恩之情，强烈的感恩情感伴随着回报的意志会推动着个体对施恩者做出感恩的言行。可见，感恩的产生是动态的，是由感恩认知到感恩情感再到感恩意志最后到感恩行为的过程。而个体是否会产生这一系列的反应，受到施恩者意图以及受恩者自身认知（应得观、归因、认知水平等）两个重要因素的影响。

2. 情绪体验理论

情绪体验理论从感恩情绪的角度对感恩心理进行了一些研究和阐述。学者们认为，感恩是一种情绪，其核心是受惠方在接受施惠方善意的给予之后产生的愉快、欣喜、感激的情绪。埃德温·韦斯特马克认为，感恩是一种“回馈的友好情绪”，这种友好情绪蕴含着对他人的关怀和肯定，表达了受恩者的一种给予对方愉快的愿望，体现的是一种意欲回馈的心理倾向。可见在埃德温看来，感恩是道德性极强的一种情绪，属于道德情绪，是对他人的友好回应，体现了受恩者对施恩者的关爱和认可。Ortony 等人认为，感恩是一种“混合物”，钦佩、欣赏和喜悦交织其间，与他持同样观点的学者还有 Emmons 和 Lazarus 等人，他们通过研究指出，感恩具有欣赏和感激的一面，感恩体验的是愉快、感动、喜悦和感激。拉扎勒斯等人认为，感恩基于个体的移情能力，与个体的移情经验息息相关，是一种典型的“移情情绪”，表现了个体对无偿的恩惠的识别和赞赏，只有当个体主观体验到恩惠，认可并欣赏施恩者的动机、肯定并感激施恩者的付出时，个体才会产生真正的“感恩之情”。但也有部分情绪论者指出，“感恩”是一种复杂的混合情绪，其中既包括感动、敬佩、欣赏、愉快等积极情绪，也掺杂着羡慕、亏欠、焦躁不安等消极情绪，他们认为“感恩”在一定程度上含有负性的自我体验。但这一观点一直被质疑，因为这在一定程度上混淆了“感恩”“亏欠感”“负债感”以及其他伴随着受恩者接受“恩惠”的过程而产生的复杂情绪。有学者从感恩的本质出发指出“感恩”不等于“亏欠”，亏欠感源于个体内心的互惠原则，而感恩源于个体内在的积极主动的回报意愿，虽然两者都蕴含着“施予 - 接受 - 回馈”三个主要成分，但亏欠感主要源于施恩者基于平等交往关系的“有偿给予”，感恩则主要源于施恩者基于良好意图的“无偿给予”。就受恩者一方来看，互惠原则下的“报恩”主要是一种遵循交换规则的义务和责任，受恩者通常会有焦虑、内疚和不安的情绪产生，而感恩是个体的主动意愿，体现的是个体美好的心理倾向，通常伴随着一些美好的积极情绪。

从情绪体验理论中，我们可以发现，“感恩”是一种正性积极的情绪，且“感恩”区别于“亏欠感”“负债感”。“感恩”是个体内心自觉产生的，其本身是一种积极情绪，并伴随着愉悦、幸福、欣赏、赞美、感动等积极情绪体验；“负债感”是由外界压力或内在互惠规范义务引发的；“亏欠感”则主要有两种可能：一是由内在互惠规范引发的，这种情况下的“亏欠感”与“负债感”类似，二是由个体的人格特征所引发的（与个体的性格、价值观等相关），“负债感”和“亏欠感”是一种消极情绪，往往伴随着一些负性的消极情绪体验。

三、感恩心理分析解读

通过分析哲学、伦理学、心理学对感恩心理的解读，可以得出几点结论：

第一，感恩是以“爱”为基础的，一方面，从哲学角度来说，个体对“爱”和“尊重”的需要是感恩心理产生的条件之一；另一方面，“感恩”体现的是个体对施恩者的“爱”的回应，是对施恩者行为的欣赏和赞美，表现了受恩者对施恩者的“关爱”和“移情”，一旦“感恩”里没有“爱”，便不是真正的感恩，而是一种“还债”。

第二，感恩的产生是以施恩者良好的动机作为前提条件的，即“感恩”以施恩者的善行为前提，缺乏善意的施恩是难以引发受恩者内心的情感体验的，更难以推动其发生相应的感恩行为。心理学许多学者都曾通过实验证明，当明确地表示施恩者给予恩惠或帮助是带有回报的期望时，受恩者体验到的情感不是感恩，而是义务和负债感。这也正是为什么无论是哲学家、伦理学家还是心理学家在谈论“感恩”时，总是首先强调施恩者意图和动机，因为这直接决定了受恩者对“恩惠”的情感体验，从而影响感恩的发生。

第三，感恩心理结构由感恩认知、感恩情感、感恩意志、感恩行为四个部分组成，这四个部分处于不同的环节，环环相扣，共同决定了感恩的发生机制，体现了感恩品质的形成规律，也就是说个体感恩的发生是过程性、动态性的，离不开认知、情感、意志和行为几个阶段。作为受恩者，对“恩惠”和施恩者意图的识别是第一位的，缺乏认知的引导个体难以产生感恩之情；感恩之情是以个体的感恩认知为基础的，其伴随着个体认知的深入而逐渐产生，缺乏感恩之情个体则难以产生回报恩惠的冲动和欲望，进而也就不会出现感恩行为；而感恩意志则保证感恩行为的出现；感恩行为是感恩的最终外部呈现。

第四，“感恩”是一种积极的情感体验，是受恩者对施恩者的认可和欣赏，伴随着愉快、幸福、感动等积极情绪，而消极情感引发的回报行为属于单纯的“报恩行为”，也就是说，感恩行为是由“感恩”引发的，是个体内心受到触动之后的自觉自愿的行为。同时，感恩不是“亏欠感”更不是“负债感”，而是受恩者内心对施恩者的尊重、欣赏以及爱的回应。

第二节　感恩心理产生的机制

马洛斯的需求层次论是具有人本主义心理学代表性的动机理论之一。马洛斯的需求层次论比较全面地反映出人的需要特点，与行为主义心理学和精神分析心理学相比，马洛斯的动机理论架构能展现人的动机从初级到高级，从生存到发展、从基本物质需要到高级精神需要的需要发展过程与内容。马洛斯的需求层次理论指出，人有五大层次的需要：生理的需要、安全的需要、归属与爱的需要、尊重的需要以及自我实现的需要。后来又加入了审美需要、认识和理解的需要。这些基本需要是按照有时出现的先后或力量的强弱排列成等级的。

任何一种需要浮现于人类的意识中的可能性，取决于又是需要的满足或者不满足状态。而人是永不满足的动物。人的需要引发人的动机，进而引发人的行为。即人要先具有感恩的需要，那么产生感恩的行为便是“水到渠成”。单从这一点看，研究感恩心理的产生于作用机制就犹如“大厦之地基”，在此基础之上，我们教育者利用其作用特点。规律培养学生的感恩意识及行为才可能是有效的、不流于形式的。下面我们将一一对照五大层次的需要模式逐步探求感恩心理的机制。

一、感恩具有胜利和安全的需要

人的最初级的需要是生理的需要，这包括饥饿、渴以及繁殖等，这些需要在所有需要中占绝对优势。这一点不难理解。试想，如若一个人衣不蔽体、食不果腹，行走在喧嚣的城市边缘无家可归，此时此刻，他的心中除了对社会怨恨和悲叹自己命运的不济之外，他不会想着感谢他的父母以及这个社会，相反他的心中只会充满压抑和仇恨。如果一个孩子从小生活在一个没有温暖的家庭中，甚至连最基本的温饱都不能满足，连生存都出现了问题，其他的一切都将是纸上谈兵。更有甚者，孩子在家中因为一些小过失动辄招来父母的打骂，或者干脆成为父母发泄的“出气筒”，这样的孩子在不安和惶恐中度过了自己的童年，没有身处家中的安全感，就不会感谢父母的养育之恩，甚至仇恨自己的父母，容易导致心理扭曲，甚至演变为家庭暴力的逆向暴力。连自己的父母都不感谢的人，怎么会感恩于这个社会呢。失去了爱父母的感情基础，又怎么可能爱家庭、爱事业、爱社会、爱国家、爱人类？没有一颗感恩的心，就永远不能真正懂得关心他人。有一则公益广告说得好“父母是孩子最好的老师”，因此，这也是“感恩教育”必须从青少年抓起的原因之一。感恩是发自内心的自由行为，一个生活在恐惧和无趣中的孩子会对谁感激呢？这便对应了马斯洛需要层次理论模式中第二层次的需要：安全的需要。

二、感恩有归属于爱的需要

当生理需要和安全需要都在一定程度上得到了满足，孩子的生命得以正常生长和发展，归属和爱的需要就会产生。“爱的需要包括爱别人和接受别人的爱”。倘若一个孩子从小在家长溺爱的环境中成长，同样会造成感恩意识的缺失，为什么呢？这样的孩子从小娇生惯养，不曾体会父母工作的辛苦与生活的艰辛，体会不到来自家庭的温情和作为家庭成员的那种归属感，弱化了他承担起一部分家庭建设的责任感，所以像“为父母洗脚”这种很自然的感恩行为也需要大张旗鼓地做宣传活动了。马克思指出：“人的本质不是单个人所固有的抽象物，在其现实性上，它是一切社会关系的总和。”人不可能脱离社会而单独存在。当孩子走上社会，因为上学、工作等会归属于某一个团体，来自同学、同事、师长以及领导的关心与接纳程度会影响他对于归属与爱的需要。“恩情是联结人与人之间的一个良好的纽带，更是联结大到国与国、地区与地区，小到家庭与家庭、人与人，进而支撑起一个社会。”长期被排斥在团体之外或者在冷漠的环境中成长，孩子不曾感受过爱的付出与形式，没有被接纳的情感满足体验，便学不到如何去爱别人，发自内心的感谢自己拥有的一切，也便不会对自己得到的心存感激。这一点对应了马斯洛需要层次理论中的归属与爱的需要。

三、感恩需要中，自尊的需要占有重要地位

孩子从小就是有独立意志的，渴望自由和成就感，有自己喜欢与讨厌的事物。而如果父母对孩子寄予了过高期望，把孩子作为实现自己理想的工具，对孩子管教过于严厉，孩子的意愿便得不到宣泄，意志得不到尊重，使孩子感受不到生活的乐趣。在这种情况下，孩子不可能形成感恩意识。此时，父母应该倾听孩子的心声，了解孩子最真实的意愿，使孩子正当的要求得到实现，孩子会感受到自己是被尊重的。苏联教育家苏霍姆林斯基曾经说过："在影响学生的内心世界时不应挫伤他们心头中最敏感的一个角落——人的自尊。"尊重是以自尊为基础，继而尊重他人、社会、自然，尊重知识，在自己与他人、与社会相互尊重以及与自然和谐共处中追寻生命存在的意义，发掘、发展自己的独立人格。在适当的时机下及时给予孩子正面的鼓励或者奖励，使他们尊重的需要得以满足，而这些需要一旦受挫，就会使人产生自卑无能感，认为自己一无是处。试问，一个连自己都不爱的人，怎么会爱别人？因此，满足孩子尊重的需要对培养他们的感恩意识是很重要的。

四、自我实现需要，是感恩需要中的推动力量

作为青少年一代，自我实现的需要，是促使自己的潜能得以实现的趋势。是人类基本需要中最高层次的需要，但不是每一个成年个体都能够自我实现。由于次级需要被压抑，从而限制了自我实现的潜力，因此能自我实现的人是极少数的，仅为百分之一，而绝大多数人不能自我实现。"鸦有反哺之义，羊有跪乳之恩。"对广大青少年来说，感恩意识绝不是简单的回报父母养育之恩，它更是一种责任意识、自立意识、自尊意识和追求一种人生成就的精神境界。这对应到感恩心理过程中，便是感恩的最后阶段——报恩。通过社会调查发现，凡大慈善家、为社会做出杰出贡献的人，都是怀着一颗感恩的心，感谢他们的父母，感谢曾经帮助过他们的人，感谢这个社会。自我实现者的一个很重要的特征就是"关心人类的福祉"，而这种感恩的情怀无一不是源自和睦的家庭、友善的朋友以及对自己的愉悦。他们用自己的行动回馈社会，以此实现自我价值。但同时也应该看到，汶川、玉树等地地震发生后，数位拾荒老人倾囊而出为灾区人民献出自己的一份力量与爱心。这并不与马斯洛的需要层次模式冲突，"高级需要偶尔并不是在低级需要满足后出现"。事实上，按照马斯洛的看法，在不同社

会地位和职业的个体身上，都有不同程度对自我需要的满足要求。对少管所的少年犯的研究也表明，他们一旦解除了孤独、焦虑、受歧视的情绪，以尊重和爱的情感去感召他们，即“动之以情，晓之以理”，树立他们的自信心，是可以逐步激发起他们对于所犯下的错误的悔过之心，并渐渐形成感恩意识。

五、对应马洛斯需求理论，研究感恩心理产生机制

人们容易产生这样的误解：一个衣食无忧的、自尊的、有自信心的人会自然而然地培养起感恩意识。这种理解显然是形而上学的，因此是片面的、错误的。一个人从感恩意识的培养与建立到最终感恩行为的发生，与父母从小的以身作则，学校德育的积极、正面、适时的引导，以及整个社会形成良好的感恩风气是分不开的。三者紧密相连，缺一不可。感恩教育作为学校德育的首要任务，是一个需要集理论基础、方法论、内容、目标等为一体，相互统一配合方能正常运作的机制。在需要层次模式的理论基础上，分析感恩心理的产生、形成机制，旨在为培养学生的感恩意识提供更广泛的基础理论参考，提供多视角的研究方法及思路。20 世纪印度的哲学家、心灵导师克里希那穆提指出:“如果你摧毁了你的欲望，可能你也摧毁了你的生活。如果你扭曲它，压制它，你摧毁的可能是非凡之美。”教育者首先必须了解学生最原始的对于感恩的心理需要，真正做到“知己知彼，百战不殆”，并及时予以引导和保护，具体情况具体分析，从不同的个体和层次间有选择的满足其感恩需要，为日后的感恩教育的实施打造心理基础。因此，满足并保护学生的感恩心理需要，只是为培养他们的感恩意识提供可能性，不是逐一满足了上述几大层次的需要，就一定能够培养学生的感恩意识。这是学生的感恩意识的培养和建立的必要不充分条件，在此理论基础之上，积极的探索感恩教育实施的具体方法，对于学校德育将具有重要意义。

第三节 感恩对特殊大学生心理影响作用

前面已谈到的有关感恩的理论很多，每个理论都各有侧重点，认知情绪理论侧重于探讨感恩的产生原因，情感体验理论侧重于探讨感恩的本质属性，而道德情感理论和拓展建构理论则侧重于说明感恩的心理效能。下面我们简要谈谈感恩的心理效能，即指一个人的感恩情感对其行为活动发生作用的程度。研究发现，感恩的心理效能研究目前主要集中于感恩与幸福感、健康、亲社会行为、认知活动等几个方面。

一、感恩与幸福感

近年来，感恩与幸福感的关系已成为积极心理学研究的一个热点问题，同时感恩干预也逐渐成为提升幸福感的主要手段，有人将感恩视为一种增强个人幸福感的力量。感恩作为一种积极的情感特质，具有广泛的适应性功能。大量研究表明，特质感恩高的个体拥有较多的积极情感和主观幸福感、生活满意度。感恩的人可能比其他人更幸福，部分原因是他们珍惜自己已经拥有的一切；感恩的人对周围的事物总是报以积极的眼光来看待，而积极的归因方式又会引发其产生更多的感恩情感，这从整体上提高了个体的主观幸福感。

与幸福感正相关很高的特质感恩，与对生活积极的展望以及对社会情境的积极认识的偏好有关；感恩的人更可能寻求情感的或工具性的社会帮助，其处理问题的方式是接近问题而不是选择逃避。一项非自我报告的测验发现，操纵感恩变量，可促进积极情绪的产生。然而，感恩与幸福感的相关，并不能说明感恩就是幸福感独特的预测指标，因为幸福感与积极的人格特质也存在大量相关。于是，一些研究者对于两者的因果关系进行了更深入的探讨。结果发现，在控制了“大五人格”30 个因素之后，感恩仍能有效预测 8% 的生活满意度以及 2% ~ 6% 的心理幸福感。Wood，Maltby，Gillett 等（2008）以大学新生为被试，在第一学期的开始和结束时进行两次施测。研究 1 和研究 2(研究 2 为在控制“大五人格”的基础上重复研究 1 的结论)的结果均表明，所有竞争模型（感恩→幸福感、幸福感→感恩、中介作用模型、交互影响模型）中只有感恩→幸福感模型得到支持，即高感恩的个体在学期末时表现出更少压力、更少抑郁以及更高的感知社会支持，这进一步说明感恩对于幸福感具有独特的预测作用，感恩是幸福感的前因变量。Emmons 和 McCullough(2003）认为感恩的情绪体验有助于个体获得更多的积极情感和人际关系的和谐；McCullough 等人（2004）在一系列感恩的研究中，发现心灵的提升和正向情绪特质、感恩的关系经过 21 天的实验有提升的趋势；Sheldon 和 Lyubomirsky(2005）的实验发现，“数数自己的幸福”及“看到最好的自己”这样的练习对提升和维持正向情绪有很大的助益。这些研究的发现使感恩干预也逐渐成为提升幸福感的主要手段。我国心理学者张睿和兰文杰的实验研究表明，经过感恩方案的实验组与未经过感恩方案的对照组在幸福感指数上有显著差异，说明了感恩方案有助于提升个体的幸福感。

二、感恩与健康

感恩与健康的研究包括心理健康和生理健康两个方面，大量研究指出感恩有助于提高个体的健康水平。

（一）感恩与心理健康

Fredrickson（2001）提出的关于积极情绪的拓展构建理论可用于理解感恩对心理病理问题的抑制机制。例如，Fredrickson 等人（2003）的研究发现，感恩情绪是美国“9・11”恐怖袭击幸存者中普遍存在的一种情绪，而幸存者的感恩水平越高，其心理问题发生的概率就越小。Kashdan 等人（2006）的研究表明，感恩体验促进了创伤后应激障碍（PTSD）越战老兵日常功能的恢复。我国学者郑裕鸿等人（2011）的研究也表明，感恩作为一种积极情绪，对 PTSD 症状起直接的缓冲抑制作用。Emmons 和 Kneezel（2005）将感恩视为情绪和精神功能健康的表征，这是因为具有感恩特质的个体容易注意到身边发生的积极事情，更多地体验到积极情感，它能与各种负性情绪和病理状态相抵触，能够预防精神障碍和心理疾病的发生。例如，Emmons 和 McCullough（2003）的研究显示，感恩干预在减少抑郁症状和提高社会功能中起到良好的效果。Laird 等（2004）的研究发现，在风湿性关节炎患者中，习惯于感恩的个体较少地体验到抑郁、焦虑情绪，对疾病的康复抱有更大的希望。Kendler（2003）的研究发现，感恩能减少各种内、外在功能紊乱的发生率。此外，Barusch（1997）指出，对生活采取一种感恩的态度能够减少压力性生活事件对心理健康的影响。我国心理学者代维祝等人（2010）的研究也表明，感恩对青少年的问题行为有抑制作用，在一定程度上可以抵消压力性生活事件的不利影响，对青少年的心理发展起到积极作用。

（二）感恩与生理健康

Emmons 与 McCullough（2003）在对大学生日常情绪、生理症状及健康行为的一项研究中，将被试随机分为 3 组，要求被试每天或隔周记录自己的情绪、处理问题的能力、健康状况、生理症状等。结果发现，与争论情境组、中性情境组或社会比较情境组的被试相比，感恩情境下的被试出现不适体症状的情况较少，每天安排更多的时间进行锻炼，睡眠质量也较好。Wood，Joseph Loyd 和 Atkins（2009）的研究表明感恩可通过积极睡前认知（如不会做噩梦、好人有好报等）提升个体睡眠质量和数量，减少睡眠潜伏期，从而促进精力恢复，增进身体健康。McCraty 等对经历愤怒或感恩的被试的心率变化进行对比研究，发现感恩能降低多项自主反应频率（如心率、脉搏），提高人体免疫功能。此外，McCraty 等（1995）的研究发现，零散的感恩体验可能会导致副交感神经系统心肌调节能力的增强。

三、感恩与亲社会行为

感恩是一种亲社会的情感，是对他人的道德行为做出的一种情感反应，这种情感会促使受惠者以相应的方式回报施恩者，或者模仿施恩者的亲社会行为做出互惠行为。在“大五人格”测验中，感恩与宜人性呈正相关。而具有宜人性的人有移情的能力，愿意体谅他人，有为他人提供帮助和支持的倾向，这正好能促进亲社会行为和利他行为的发生。在同伴评价测验中，感恩的人被评为更有亲社会倾向。McCullough 等人（2002）的研究发现，有规律地体验感恩的被试比不体验感恩的被试更热衷于亲社会行为。Kashdan 等人（2006）以 PTSD 患者为被试的研究发现，每日进行感恩练习与个体表现出的亲社会行为存在正相关。Giacalone 等认为，感恩的个体需要有较高的希望水平，才能将自己的亲社会倾向转化成对社会责任的关注。如果感恩个体没有意识到自己的亲社会行为能够达到一个目标（如处于低希望水平），那么他们就不大可能会关注亲社会行为。Froh 等人的研究发现，个体在青年时期的感恩与其得到社会的、情感的、物质的各种好处有关。如，Peterson 和 Stewart（1996）对毕业于 Radcliffe 大学的女大学生进行的一项纵向研究表明，早年由他人指导的学生更倾向于在中年为慈善事业做出贡献，他们的解释是感激早年曾经帮过他们的人。Graham（1988）的研究也表明，被帮助后产生感恩情绪的个体，在以后的人际互动中，更有可能对施恩者或他人表现出亲社会行为。但有学者认为，个体之所以会表现出亲社会行为，主要是因为感恩能让他们处在一种积极心境下，这种积极心境使得个体能够更多地表现出亲社会行为，而这并非是感恩本身所起的作用。另有学者认为，感恩本身就能够驱使个体做出亲社会行为，并不需要通过积极心境的作用。Bartlett 和 DeSteno（2006）通过实验操纵个体的感恩，然后评定个体真实的助人行为。在实验中，将被试分到三种条件中：感恩条件、中性条件和积极情绪条件。感恩条件组被试首先从事一项令人单调的眼手协调任务，在进行过程中电脑突然出现故障，但他们必须继续做。然后一个研究者同伙（扮演施恩者的角色）帮助被试解决了电脑故障。中性条件组的被试要完成与感恩条件组相同的单调任务，但在任务进行中没有出现电脑故障。积极情绪组在完成单调任务后观看一段喜剧片。在实验快结束时，有一个陌生人（由研究者同伙扮演）进来问他们是否愿意帮忙做一份问卷，被试在问卷上所花的时间作为帮助行为的指标。结果表明，感恩条件组的被试在问卷上所花的时间明显要比中性条件组和积极情绪条件组被试要多。并且，这种效应是以感恩体验为中介的，积极情绪不能够解释这种效应。上述这一研究说明了感恩情绪本身能够激发更多的帮助等亲社会行为。

四、感恩与认知活动

就目前而言，感恩与认知活动的关系还尚未引起研究者的重视，只有为数不多的研究发现。根据 Fredrickson 的感恩拓展建构理论，积极情绪会拓宽个体的思维模式，对认知活动有促进作用：积极情绪会促使个体在理论研究和文艺创作上有所表现。国外已有研究发现，感恩可以促进大学生的目标追求、成就动机，对大学生的学习投入有预测作用，即感恩倾向越高的学生，其学习的投入程度也更高。分析认为，那些能更多感受到他人恩惠和表现更多感恩倾向的学生可能觉得周围人喜欢和关心自己，增强了他们与周围人的社会联结感与亲密度，他们会更愿意待在学校，更容易接受教师的观点，进而促进其形成良好的学习动机。还有较少研究发现，感恩可以减少大学生的学习倦意。此外，台湾研究者李新民和陈密桃（2009）在一项关于大学生感恩学习介入方案成效的研究中发现，感恩学习介入方案有助于真实问题解决的拓延。残疾大学生的感恩与学业成就呈正相关，感恩水平较高的大学生更多表现为学业成功。分析认为，感恩可以激发个体的目标追求和成就动机，并有利于青少年更多地参与学校活动，而学校活动的积极参与又促进了其学业成就的提高。这一研究结果再次证实了感恩在个体发展中起到的积极作用，尤其是在学校学习中的重要作用。

第三章　拥有感恩的心就会拥抱幸福

第一节　感恩父母

一、感恩父亲，他教会了我们如何做人

父亲，就是那个生出我们后，背起家庭重担并走完一生的人。

父亲，就是那个在你儿时的心目中高大、勇敢，而在成年的你眼中满是缺点的人。

父亲，就是那个用尽一生时间，想使你和这个家过得更好的人。

天下的父亲不尽相同，但是，父亲大体是一样的，父亲的爱更是没有差别的。你的金钱、成功尽可以完全与他无关，但他仍是天底下最希望看到你快乐、健康、成功的人。

在很多人的印象当中，父亲是沉默、严厉、智慧的，同时也是令人敬佩、感动、心酸的。父亲以自己博大的胸襟无私地给予着我们一切。如果说，母爱让我们感受到了温暖，呵护我们成长，那么父爱就是教给我们怎样做人，让我们拥有一个人应该具有的品质。

作家苏童曾在一篇关于父亲的文章中说："关于父爱，人们的发言一向是节制而平和的。母爱的伟大使我们忽略了父爱的存在和意义，但是对于许多人来说，父爱一直以特有的沉静的方式影响着他们。父爱怪就怪在这里，它是羞于表达的，疏于张扬的，却巍峨持重。所以有聪明人说，父爱如山。"

的确，和母亲相比，父亲的感情一般都很内敛。他们不善于表达自己的感情，他们只是把自己对子女的爱一点点地放在心里。父爱深沉。就是在这深沉当中，父亲默默地为子女奉献着一切；就是在这深沉当中，他在告诉我们做人的道理。

阿强的父亲决定卖掉那台 20 世纪 50 年代的美国牌子的收音机。在那个年代，它值 150 元。但时间一长，收音机难免会出毛病，在他的父亲花了几十块钱把收音机修好之后，便带着儿女们去了寄售商店。

走到商店门口，他的父亲突然停住，并且严肃地对阿强姐弟说："孩子们，这是一

台修过的收音机，无论如何要对售货员同志讲清楚。要是不讲清楚，卖了出去，人家要受伤害的。你们觉得怎么样？”

孩子们当然同意。然后他们便走到柜台前，阿强的父亲便对售货员诚恳地讲了一遍给孩子们说的话。他的父亲很诚恳地向售货员解释：“真的，它真的已经修过了，虽然现在已经修好了，但它毕竟是修过的。同志，你一定不要忘记告诉买这台收音机的人，同志，你千万不要忘记啊。”

后来，他们的收音机只卖了 6 块多钱，这是一个再诚实不过的价钱。之后有很长一段时间，阿强都认为父亲的行为是极为可笑的，他为他的珍贵的收音机所做的解释是荒唐的、毫无价值的。阿强认为他们受到了那售货员的戏弄，他们的高尚变得极为滑稽。

但是，父亲当时的口气和目光让他知道了诚实，并且把这种品行继承了下来。这是做人最基本的原则之一。后来，从父亲那里所得到的教诲一直跟随着阿强，使他经常受到别人的夸赞。

有些东西本来就是不用教的，我们只要身体力行就可以了。有些东西因为它格外的深沉，是要在许多年以后，才在我们的后人身上体现出来的。我们不要担心自己的可笑荒唐，就像阿强的父亲从来不怀疑自己的诚实一样。这正是父亲所教给阿强的，深沉的父亲在用实际行动告诉我们最重要的做人道理，让我们能够正正直直地在这个社会上生活。

曾经听朋友讲过这样一个故事。

是啊，很多人的父亲都很普通，普通得就像路边的一棵小草一样默默无闻！他虽然没有伟人那样显赫的名声，也没有做出过惊天动地的事情，但在儿女的心目中他和伟人一样伟大！因为，父亲不但养育了自己，更重要的是因为父亲教会了我们怎样做人！

二、父爱如山，他为我们撑起了一片天

俗话说：“儿行千里母担忧。”儿女再怎么走也走不出母亲的牵挂。其实，相对于母亲，父亲对孩子的牵挂也是一样的。父亲无论离家多远，对家中的孩子还是有着最深的牵挂，父行千里担忧儿。

在一般人的眼里，父亲总是和严厉联系在一起，似乎缺少温柔的爱。其实不然，无形的父爱，更在关键的时刻显现出千钧之力。

这是一则真实的故事：

父亲为了使智障的女儿免受伤害，置自己的生命安危于不顾，把自己专业领域里最常识性的知识抛到脑后，以迅雷不及掩耳之势向前冲去，这一切都是缘于爱。

他是一位力学专家，在业界已小有名气。他曾经再三提醒自己的学生们：“在力学里，物体是没有大小之分的，主要看它飞行的距离和速度。一个玻璃跳棋弹子，如果从十万米的高空中自由落体掉下来，也足以把一块一米厚的钢板砸穿一个小孔。如果是一只乌鸦和一架高速飞行的飞机相撞，那么，乌鸦的身体一定会把金属材料制造的飞机一瞬间撞出一个洞来。”他告诫说，“这种事在苏联已经屡次发生过，所以，我提醒大家注意，千万别幻想把高空掉落的东西稳稳接住，即使是一粒微不足道的石子！”

那一天，他正在实验室里做力学实验，忽然门被“砰”的一声推开了。他的妻子惊恐万分地告诉他，他们那先天痴呆的女儿爬上了一座四层楼的楼顶，正站在楼顶边缘要练习飞翔。他的心一下子就提到了嗓子眼，一把推开椅子便冲了出去。当他赶到那座楼下的时候，他的许多学生都已经惊失措地站在那里。他的女儿穿着一条浅蓝色的小裙子，正站在高高的楼顶边上，两只小胳膊一伸一伸的，模仿着小鸟飞行的动作想要飞起来。看见爸爸妈妈跑来了，小女孩欢快地叫了一声就从楼顶“飞”了下来。

很多人吓得“啊”的一声连忙捂住了自己的眼睛。看到女儿像中弹的小鸟般正垂直落下，平时手无缚鸡之力的他突然推开紧拉着他的学生们，一个箭步朝那团坠落的“蓝色云朵”迎了上去。

“啊……”

随着一声尖叫，那团蓝云已重重地砸在他伸出的胳膊上，他感到自己像被一个巨锤突然狠狠砸了一下，腿像树枝一样“咔嚓”一声折断了，眼前一黑就什么也不知道了。

他醒来的时候，已经躺在医院的抢救室里两天了。他的脑子还算好，很快就清醒了，可是下肢打着石膏，缠着绷带，阵阵钻心的疼痛让他忍不住倒抽冷气。他那些焦急万分的学生们对他说：“您总算醒过来了，您站在高楼下面接孩子实在太危险了，万一……”

他笑笑，看着床边自己那安然无恙的小女儿和泪水涟涟的妻子说：“我知道危险，搞了半辈子力学，我怎么能不懂这个呢？只是在那时，只有爱，没有力学。”

“爱的面前，没有力学”，多么感人的话语啊！

看到这个爱的故事，我们怎能不对这样一位“明知山有虎，偏向虎山行”的伟大父亲肃然起敬？我们难道不觉得身边有无数像这位力学专家一样的父亲值得我们崇拜吗？

当然，像这样惊心动魄的事例，生活中还不多见。更多的是发生在我们日常生活中的那些微小、平凡却又让人感动无比的事。它们是那么容易地被忽略，在岁月的长河中又是那么容易地被冲走，但是它们背后隐含的浓浓的爱却如同河底的金砂，慢慢地沉积，永远不会流失，永远会闪闪发光。只要父亲还健在，只要我们愿意发掘、懂得发掘，我们会随时感受到父亲身上这种令人掉泪的关爱。

近年来，留守儿童问题越发引起全社会的关注。由于常年远离父母，缺少了最基本的与父母交流的机会，留守儿童这个群体存在着严重的“亲情饥渴”。

有一位留守儿童的父亲说：“我希望他能够健康快乐地长大，然后走出这大山。我正为他打拼走出去的条件，我希望他以后千万不要像我，要过得比我好。”

哪个父亲不希望孩子承欢膝下，如果不是不得已，他们也不愿离乡背井外出讨生活。有时候离开也是因为关爱，身在外地，心忧爱儿。

有一个孩子是留守儿童，父亲因为生活所迫，常年在外开长途汽车，不能经常陪伴在孩子身边，只能通过电话以聊慰思念之苦，因为距离的遥远，孩子对父亲渐渐生疏起来。而父亲的牵挂一如既往，因为担忧儿子的生活与学习状况，父亲坚持每天打一个电话给儿子，每天都会仔细询问孩子的生活起居和学校里的学习情况。久而久之，孩子觉得特别烦，电话内容永远是一个样，接不接都差不多。很多次，孩子都不想听电话，就是接电话也不愿意说太多的话。父亲也明显感觉到儿子态度的变化，非常着急，却束手无策，总不能不工作回家吧，一家人的生活又怎么办？父亲纠结的心理又有几个儿子能懂？如此看来，引导孩子感受亲情，感恩父爱是多么重要的一件事。

很幸运这个孩子来到了我演讲的课堂。我告诉他：“父亲的辛劳完全是为了让家里生活得更好，父亲在外面不仅要忍受身体上的劳累，还要忍受因为担忧孩子所引起的心累，父亲在外地已经如此地不容易，我们为何还要让他这么担忧。作为子女，我们应该心疼我们的父亲，理解父亲的所作所为，关心父亲的身体状况。为了不让父母为我们操心，我们要好好吃饭，好好睡觉，好好学习，减轻他们的担忧，安慰他们的心灵。”

这个孩子明白了父亲的用心，决定以后要好好听父亲的电话，认真汇报自己的生活与学习状况，让父亲少一分担忧，多一分放心，以此来减轻他们精神上的负担，也能稍稍宽慰父亲的心。父爱是一本书，需要儿子慢慢解读。

远到山外的距离，近在咫尺的牵挂，距离有多远，爱就绵延多长。父爱，世上最动人的篇章，华美地在每一个孩子的眼前慢慢展开。

三、母爱如水，她让世界更加美丽

孩子出生的第一眼看到的是母亲。是母亲给予我们人间的第一缕关怀和温暖，她让我们一出生便感受到无边的爱。母亲为孩子撑起了一片美丽的天空，让孩子看到这个世界最美的一面。

曾经在网络上流行着这样一篇帖子。

母亲一生为你做了什么你知道吗？让我们一起来看看吧……

当你 1 岁的时候，她喂你吃奶并给你洗澡；而作为报答，你整晚在哭着。

当你 3 岁的时候，她怜爱地为你做菜；而作为报答，你把一盘她做的菜扔在地上。

当你 4 岁的时候，她给你买下彩笔；而作为报答，你涂了满墙的抽象画。

当你 5 岁的时候，她给你买了漂亮的衣服；而作为报答，你穿着它到泥坑里玩耍。

当你 7 岁的时候，她给你买了球；而作为报答，你用球打破了邻居的玻璃。

当你 9 岁的时候，她付了很多钱请老师为你辅导钢琴；而作为报答，你常常旷课并不去练习。

当你 11 岁的时候，她陪你还有你的朋友们去看电影；而作为报答，你让她坐另一排去。

当你 13 岁的时候，她建议你去把头发剪了；而你说她不懂什么是现在的时髦发型。

当你 14 岁的时候，她付了你一个月的夏令营费用；而你却一整月没有打一个电话给她。

当你 15 岁的时候，她下班回家想拥抱你一下；而作为报答，你转身进屋把门插上了。

当你 17 岁的时候，她在等一个重要的电话；而你却抱着电话和你的朋友聊了一晚上。

当你 18 岁的时候，她为你高中毕业感动得流下眼泪；而你却跟朋友在外聚会到天亮。

当你 19 岁的时候，她付了你的大学学费又送你到学校；你要求她远点下车怕同学看见笑话。

当你 20 岁的时候，她问你“你整天去哪儿”；而你回答：“我不想像你一样。”

当你 25 岁的时候，她给你买家具布置你的新家；而你对朋友说她买的家具真糟糕。

当你 30 岁的时候，她对怎样照顾小孩提出劝告；而你对她说：“妈，时代不同了。”

当你 40 岁的时候，她给你打电话，说今天是你的生日；而你回答：“妈，我很忙没时间。”

当你 50 岁的时候，她常常患病，需要你的看护；而你却为你的儿女在奔波。

终于有一天，她去世了；突然你想起了所有从来没做过的事，它们像榔头般痛击着你的心。

感恩母亲，是她教会我们善良，是她让我们懂得世界是美丽的，是她给予我们生活的温暖，是她任劳任怨抚养我们成长。她时刻都在为我们付出，时刻都在为了我们忙碌。因为母亲，我们的世界才变得丰富多彩，变得更加美丽。母亲是孩子世界中最伟大的人。

有位作家说过，“民族之间的较量，就是母亲与母亲之间的较量”，相信这句话在很多人的内心中都产生过很大的触动。“母亲”，一个伟大而又神圣的词语，不知有多少首诗曾吟诵过它，不知道有多少首歌曲曾歌唱过它。不管多么华丽的词语，都不会完全地诠释这世界上最伟大也最美丽的词语以及它的情感。

有这样一位母亲，在我们中国家喻户晓。她一个人独自抚养儿子，为了让儿子能有一个良好的成长、学习环境，连续三次搬家，她的这种举动成就了儒家思想的一位伟人，人们称他为“亚圣”——孟子。她的教子故事也因此成了《三字经》中人人耳熟能详的两句“昔孟母，择邻处”，给后世父母教育子女做了一个很好的榜样。人们都知道孟子是中国思想史上一颗耀眼璀璨的明星，但是我们同样可以做这样一个假设，如果没有这样一位远见卓识的母亲，中国损失掉的将会是什么。

还有这样一位母亲，她的儿子在 8 岁的时候因为各门功课实在太差而被老师训斥：“再也没有像你这样笨的孩子了。”孩子放学后，跑到家里向母亲哭诉，母亲却对他说：“妈妈相信你是最好的孩子，妈妈来教你。”就这样，一个笨孩子在这位伟大母亲的感召下，一步步一步步地走上了科学研究之路，最终成了举世瞩目的人物。他就是我们熟知的爱迪生。我们可以想象，假设没有这位母亲，我们的世界将会因此承受多大损失。

有人说，“母爱如海”，那是因为她有包容一切的胸襟；有人说，“母爱如烛”，那是因为她呕心沥血，燃烧着自己却照亮了别人；也有人说，“母爱是阳光”，那是因为她温暖身心，给人力量……用世界上任何美好的事物来比喻母爱都不过分，但是它更像是春雨，是一种执着、默默无声、不计回报的付出，是一种温情，是一种关怀。

“不养儿不知道父母恩”，只有当自己也成为父母的时候，我们才会发现，原来生活中的每件平凡小事都渗透着母亲的心血，衣、食、住、行样样都是母亲在那里操持。母亲头上的每一根白发，都是她付出一点一滴关爱的活生生的记载。但是，她从来没有抱怨过，也从来没有向我们要求过什么，只是默默地付出着。

我们应该为早晨母亲递上的牛奶而感动，应该为身上母亲亲手织的毛衣而感动，应该为临上路前母亲的嘱咐感动，应该为回家时母亲和蔼的问候感动。孩子病了，年轻的母亲会陪伴着打针的孩子一起哭泣，那晶莹的泪滴也应该让我们感动；学习进步，母亲开心、灿烂的笑容应该让我们感动；事业取得成功，母亲自豪的表情应该让我们感动。有太多的感动我们无法罗列。但是，我们应该知道，这些都是母亲的一颗心。我们为天下所有朴实的母亲的心而感动。

假如，你是一个孩子，那就请你用最甜美的声音告诉你的母亲你有多爱她；假如你是一个成人，那就请你用最朴实的行动去表达你对母亲所有的爱意。

爱我们的母亲吧，感谢我们的母亲吧，告诉母亲：“因为有了你，这个世界才更加美丽。”

四、母爱是世间最伟大的力量

英国诗人惠特曼说:“全世界的母亲多么的相像！她们的心始终一样。每一个母亲都有一颗极为纯真的赤子之心。”世界上最无私的便是来自母亲的爱。是她哺育我们长大，她总是把最危险的留给自己，把最安全的交给孩子，这就是天底下的母亲时刻在做或者准备做的选择。

这是一个真实的故事。

有一天早上，一条老街的一幢居民楼起了火。这幢居民楼建于20世纪50年代，砖木结构，木楼梯、木门窗、木地板，一烧就着。不一会儿工夫，三家连四户，整幢楼都在一片火海之中。

人们纷纷往外逃命。才逃出一半人时，木质楼梯就“轰”的一声坍塌下来。楼上还有十个居民没有逃出来，但下楼的通道却没有了。在烈火和浓烟中，这些人只好先跑向这幢楼的最顶层五楼。因为这里目前还没有被大火烧着。

十个人挤在五楼的阳台边向下呼救。消防队赶来了。但让消防队员感到为难的是，这片老住宅区的胡同很窄，消防车和云梯车都开不进来。灭火工作一时遇到了阻碍。眼看大火一点一点地向五楼蔓延，消防队长下令先救出楼上被困的人！没有云梯车，他只好命令消防队员带着绳子攀壁上楼，准备让他们用绳子将被困的人一个一个地吊下来。

两个消防队员领命向楼上攀爬，但才爬到一半，他俩用来攀抓的木梯被烧断了，两个人一起掉了下来。没有了木梯，就没有了着手点，徒手爬上去的可能性很小。并且就在这个时候，这幢楼的底层用来支撑整幢楼的木柱子已被烧得“咯吱咯吱”响。只要柱子一断，整幢楼就有倾塌的危险。这时什么样的救援方法都来不及了，被困的人现在唯一能做的，就是自己来救自己。

没有时间多考虑，消防队长只好随手抓过逃出来的一个居民披在身上的旧棉被，摊开，让手下几个人拉着，然后大声地冲楼上喊:“跳！一个一个地往下跳，往棉被上跳！背部着地！”为了安全起见，他亲自做着类似于背跃式跳高的动作示范。这种情况下，只有背部着地，才是最安全的；而且棉被太旧了，背部着地受力面大些，棉被才不那么容易被撞破。

站在五楼阳台最前面的，是一个穿着大衣的女人。无论消防队长怎么大喊大叫，她就是不敢跳，一直犹豫不决。她不跳，就挡住了后面的人。这时候一秒钟就能救一个人的生命，楼下的人急得直跺脚，只好冲她喊:“你不敢跳就先让别人跳，看看别人是怎么跳下来的。”

那女人让开了。一个男人来到了阳台边，在众人的鼓舞下，他跳了下来，动作没有队长示范的那么规范，但总算是屁股着地，落在棉被上，毫发无伤。队长再次提醒大家跳的方式。接着，第二个人跳下来了，动作规范了许多，安全！第三个、第四个……第九个，都跳下来了，动作一个比一个到位，都是背部着地，落在棉被上，一点事也没有。

这时楼上就只剩一个人了，就是那个穿大衣的女人，可她还是犹豫不决。楼下的人都要急疯了，拼命地催促她。终于，她下定了决心，在阳台边弯下腰来，头朝下，摆了个像跳水运动员那样的姿势。

队长被吓得不轻，这样跳下来岂不要死？他大孔道："背朝下！"但那女人根本不管，头朝下，笔直地坠了下来。所有人的心都悬了起来，只见她像一发炮弹笔直地撞向棉被，由于棉被的受力面太小，不堪重击，棉被被撞破了。她的头穿过棉被，撞到了地面上。

"怎么这么笨呢？前面有那么多人都跳了下来，你学也应该学得差不多了呀！"队长急忙奔过去，他看到，那女人头被撞得鲜血淋漓，已经只剩下一丝气息。但女人苍白的脸却露出一点笑意，她摸了摸自己的肚子，有气无力地说："因为我这样跳下来，才伤……伤不到……到我的……孩子。"

队长这才看出来，原来这女人是个孕妇。

女人微笑着慢慢地说："如果我不行了，让医生帮我把肚子里的孩子……取出来，已经……十个月了……他……一点没伤着，能活……"所有的人都被感动了，人们这才明白，这女人为什么犹豫，为什么选择这么笨的姿势跳下来。她犹豫，是因为她不知道怎样跳，才不会伤到孩子。选择头朝下的方式跳下来，对她来说最危险，而对她肚子里的孩子来说最安全！

世间最伟大的爱就是母爱。把最危险的留给自己，把最安全的交给孩子，有什么样的爱比这更伟大？我想只有这份母爱，有如此的包容、如此的力量。天下慈母心，有了这份爱，我们才是天下最幸福的孩子，我们才在心中注满了对这个世界的整个爱心，所以无论什么时候别忘了为母亲的这份爱感恩。

五、时时尽孝，莫要"子欲养而亲不待"

你给父母买的第一件礼物是什么？你多长时间和家人通一次电话？节假日，你通常选择出外游玩，还是回家陪伴父母？你愿意牺牲工作时间，照顾生病的父母吗？也许你有很多借口，最常用的借口就是忙，没时间。

大学毕业后，走出家门，步入社会，忙着找工作，忙着谈恋爱；工作几年之后，忙着挣钱，忙着升迁，忙着为自己的前途打拼；结婚生子之后，又忙着照顾、培养孩子。我们一直忙着让自己活得更加精彩，却忘了是谁把我们带到这个世界，又是谁辛辛苦苦地把我们养育成人。

父爱如山一般崇高，母爱如海一般博大，父母之爱是世间最伟大、最无私的。从牙牙学语到蹒跚学步，父母付出的心血难以计算。当我们第一次跌倒时，是父母把我们扶起；当我们第一次流泪时是父母把我们的眼泪擦干。肚子饿了，父母会给我们做最爱吃的饭菜；天冷了，父母会嘱咐我们添加衣服；生病了，父母比我们还要着急。到了孩子成家的年龄，不富裕的父母甚至可以倾其所有为儿女买房、买车，成全他们的婚事。在灾难中，父母甚至会牺牲自己的生命来挽救孩子的生命。

汶川地震发生后，救援人员在废墟中发现一位年轻的妈妈双膝跪地，弯曲身体，双手着地成匍匐姿势，她的身体被压得变形，已经死去。她身下是一个被小被子裹着的宝宝，约三四个月大。宝宝还活着，安静地睡着了。当医生准备给宝宝做身体检查时，发现被子里有一部手机，屏幕上是一条妈妈留给宝宝的短信："亲爱的宝贝，如果你能活着，一定要记住我爱你。"这条短信感动了很多人。

"乌鸦反哺，羔羊跪乳"。连动物都懂得孝敬父母，更何况是作为万物之灵的人类呢？很多人在父母生前没有尽孝心，并不是因为他们不爱父母，而是他们没有意识到父母有一天会离开自己。大多数年轻人从来没想过，也从来不敢想，如果父母不在了怎么办？尤其是一些独生子女，只知道向父母索取，如果父母不能满足他们的要求，动辄对父母恶言相向。他们认为父母为他们付出再多都是理所当然的，肆意挥霍父母的心血，却丝毫不懂得感恩，更不用说回报了。总是在他们的父母去世之后，他们才开始后悔自己没有好好尽一点孝心，才想起父母的种种好处，甚至开始怀念父母的唠叨。

"啃老族"作为一种社会现象已经不再新鲜了。一些学生大学毕业后，因为选择考研或考博，所以还需要父母提供生活费。有些学生工作后，开支只能勉强维持生计，也需要父母"输血"。当然，他们也是不得已而为之，谁愿意到了而立之年还由父母养活呢？

很多年轻人在外打拼，每年只回家一两次，回家的时候，也只顾着和朋友、同学聚会，却没有抽出多少时间陪陪父母。如果父母可以再活二十年，那么与父母相聚的时间只有三十来次；如果父母可以再活十年，那么和父母相聚的时间只有十几次。你甚至不知道哪一次相聚是最后一次。

《常回家看看》这首歌之所以红遍了大江南北，受到人们的广泛喜爱，就是因为它唱出了所有父母的心声。尽管父母对我们的付出很多，但是他们对我们的要求其实很少。他们需要的并不是多么高档的保健品，多么奢华的物质享受，他们想要的只是和子女多一些相处的时间，多享受一点天伦之乐。有些人过年不回家，他们的理由是"在外面混得不好，没脸回家"，其实这只是一个冠冕堂皇的借口。孝敬父母的方式很多，并不一定要买房买车，给父母大把的钞票，让他们住在高级别墅里安度晚年。就像歌词里唱的："老人不图儿女为家做多大贡献，一辈子不容易就图个团团圆圆。"父母并不要求儿女成为百万富翁，或者成为名家大腕，只要孩子们平平安安，只要子女儿孙一切都好，他们就最开心了。

尤其那些渐渐步入老年的父母，他们总是盼着孩子回家。儿女回家之后，父母肯定会张罗一大桌好菜，就像小时候，父母总会把最好吃的饭菜留给孩子吃。回家之后，"生活的烦恼跟妈妈说说，工作的事情向爸爸谈谈"，即便他们帮不上什么忙，不能给你什么建议，但是他们会开导你，让你以更好的心态去面对纷繁的世事。

《韩诗外传》记载，孔子带着弟子外出时，遇到一个叫皋鱼的人在路旁悲痛地哭泣。原来皋鱼周游列国，到处寻师访友，很少留在家里侍奉父母。岂料父母相继去世，皋鱼后悔父母在世时没能好好尽孝，现在已追悔莫及了。他感叹说："树欲静而风不止，子欲养而亲不待也。往而不可追者，年也;去而不可得见者，亲也。"孔子对弟子们说，要以此为戒。于是，门人中有 13 个人请辞，回家养亲去了。

老舍先生在《我的母亲》一文中寄托了自己对母亲的愧疚和哀思。他 27 岁的时候远越重洋，到英国去求学，那时他的母亲六十多岁。在母亲七十大寿的时候，他还在异国他乡，无法对母亲尽孝。他的母亲虽然想念儿子，却不便说出来。抗日战争爆发后，北平被日本人占据，时代原因使老舍成了逆子，他不得不跑到西南地区，他知道母亲多么希望他在身边，但是他却不能回去。甚至在接到家书之后，他也不敢拆开看，他怕看到不祥的消息。母亲去世后，家人念他孤苦流亡，不忍相告。后来，当他得知母亲去世的消息的时候，母亲已经去世一年了。母亲在世时，没有享过一天清福，临死时吃的还是粗粮。老舍能感受到的只有"心痛"。

"树欲静而风不止，子欲养而亲不待"。很多人都是在父母过世之后发出如此感叹，却不能在父母在世的时候明白这个简单的道理。如果父母健在，我们应该感谢上苍给我们一个报答父母恩情的机会，并从现在开始送上对父母的关爱。

父母用汗水换来我们的幸福，用两鬓白发换来我们的青春。"谁言寸草心，报得三春晖"。父母的恩情是怎么也回报不完的。有些人认为每月给父母一笔赡养费就算孝敬父母了，其实，父母的恩情是难以用金钱来衡量的。你能用多少钱来衡量母亲一针一线给你打的毛衣？又能用多少钱来衡量父亲日日夜夜对你的牵挂。

"百孝顺为先"，孝敬父母首先要做到顺着父母的心意。与父母发生争执的时候，首先要心平气和地讲明自己的观点，如果父母不接受，就不要坚持自己的观点，按照老人的意思行事。毕竟，生活中也不会有太多原则性的问题。比如，老一辈的人们都曾经经历过艰苦的岁月，一般都比较节俭，看不惯奢侈浪费的行为。那么作为子女的我们就尽量不要买那些奢侈的物品。

每个人都有变老的一天。老人需要理解、关心、宽容和支持。当父母渐渐变老、弯腰驼背、老眼昏花的时候，不要责怪他们，这是难逃的自然规律。当初父母引领你走上人生道路，如今也请你陪他们走完人生的最后一程。当年迈的父母吃饭的时候把饭菜洒在衣服上时，不要责怪他们，想想当初他们是怎样一勺一勺地喂你吃饭的。当父母生病大小便失禁，弄脏了衣服时，也不要抱怨。要知道你小时候，父母也是一把屎一把尿把你拉扯大的。

工作之余，请抽出几分钟时间陪陪父母吧，不要给自己的人生留下遗憾。《三字经》里有一句话“父母在，不远游”，现在人们的理想和抱负，都是想去大城市闯出一片天地。可是在你远走高飞的时候，请别忘了含辛茹苦把你养大的父母。出门在外的时候，要记得经常给父母打个电话，问一声好；在阳光灿烂的日子，请你陪父母去散散心，握着他们的手，慢慢地陪着他们走……

第二节　感恩爱情

许多人在功成名就后，往往对曾经海誓山盟的爱人就变脸了。可有一个人，在他的事业如日中天时，对妻子的爱却更为真挚和深厚。他们可谓“师生恋”。1981 年，毕业于香港理工学院美术设计系的他，报读了她执教的无线电视台编导训练班。几天后，她邀请他喝咖啡，和他一同看电影。

一次，她对他说：“听说你失恋了，而治疗失恋的最好办法就是恋爱。你愿不愿意再恋爱？”他心中似乎想到了什么。果然，没过几天，她就向他“求婚”了。虽说他已经有了思想准备，可听到她的话时依然惊讶不已。

有段时间他们交往频繁，他想，她是误会了。在第一天听她讲授节目监制课时，他就对她十分敬佩，那是佩服她的才华。他是一个唯美主义者，曾经的恋人都是漂亮宝贝，她的相貌却太一般了。

对这一点，她也并非没有考虑过，但她很自信。因为打第一眼见到他，他那种对知识的渴望，对事业的追求，不由得让她心为所动。她并不是贸然行动，她试探过他，约他喝咖啡，他欣然赴约，而且正如她所料，拿了一张写满关于编剧问题的纸一一向她请教。

你把事业看得比什么都重要，而我拥有助你成功的才华，她以此认为自己与他是天生的一对。当时，尽管他找了一个托词：“你家殷实，我是一个穷学生；你事业有成，我前途未卜。咱们俩不般配。”可她坚信两人将是最好的伴侣。

培训结束后，他进了一家电视台做编剧。可他的编剧工作好长时间都没有起色。

她曾经几次劝他在电影业发展，可他对从事电影行业没信心。一天，她见到他很不高兴，便觉得自己再也不能只是轻描淡写地说说了。

第二天，当她以一对“熊猫眼”出现在他面前时，他惊呆了：“你昨晚难道一夜未睡？”“是的。”说着，她拿出了一张纸，上面满满地列着他进入电影业的优势及种种理由。她对他的情况思考得那样透彻，而且那样看重他的前途，他被感动了。

在转型的日子里，她使出了自己所有的才华，动用了各种人脉关系，不辞辛苦地为他铺路。这让他无比的感激。可他在心中对自己说：这与爱情无关。

她却觉得这就是爱情。朋友们也觉得他俩是天生的一对，地设的一双，有人直截了当地开始点拨他了：“你不要把爱情和婚姻想象得太完美太天真了，找伴侣是为了更好地生活，让事业得到更好的发展，她是你事业上的贵人，而且她是那么爱你！”他便觉得再不能拒绝她的好意了，出于感激，他们结了婚。

尽管二人朝夕相处，可他与她谈的多是电影。她明显感觉到这不是自己所向往的爱情。但她执着地认为，这只是因为时间未到，即便他是不解春风的一棵树苗，在她柔风酥雨的滋润浇灌下，也会与她开出她想要的艳丽的爱情之花，结出她想要的甜蜜的爱情之果。

他写了几年的电影剧本，虽说有所收获，但未有大的突破，这可不是他想要的日子。她说，我经过好长时间的考虑，觉得其实你更适合做导演。他说自己没有经验。她却说，导演是项需要生活积累的工作，好多优秀导演都是半路出家，你现在做导演正当时。妻子不凡的眼光与胆略最终让他有了试一试的想法。

1987 年的一天，她十分高兴地拿出一样东西给他看。那是一个剧本，他看了后，也拍案叫好。兴奋之中，他思如泉涌，滔滔不绝地讲开了自己的创意、构思，甚至对镜头的处理也成竹在胸。见他那跃跃欲试的样子，她趁热打铁：“我这就带你去见投资方。”投资方见他才华横溢，当场拍板全额投资。

他做导演，她做出品人。就是这么一部叫作《旺角卡门》的电影，让他终于发现了自己的潜力所在，因为该片一炮打响，获得了 1988 年香港金像奖十多项提名。

1990 年，她又发现了一个叫作《阿飞正传》的优秀剧本。他看了剧本后，完全相信妻子能够以此帮助自己走上电影事业的坦途。随后，由妻子出面说服，邓光荣欣然投资 4000 万港元。依然是他做导演，她做出品人，《阿飞正传》获得了第 10 届香港金像奖最佳影片、最佳导演、最佳男主角、最佳摄影、最佳美术指导共 5 项大奖。由此，他在电影界的地位得以确立。

他是王家卫，她是陈以靳。

事业上的成功终于让他们的爱情进入了繁花似锦的时期。以前不理家务、不陪妻子参加朋友聚会的王家卫，就是在百忙之中，也会抽空与妻子一道逛商场。他还到超市买原料，照着菜谱做妻子最爱吃的鸡仔饼等。

一场小小的风波便见他们的夫妻之情。2007 年，一位印度籍女佣由于表现不佳被他们辞退，女佣却状告陈以靳虐待了她，此事被媒体炒得沸沸扬扬。为了还妻子一个清白，王家卫亲自去警署说明情况，还主动接受媒体采访，说明事情真相。为了让妻子减缓压力，走出阴影，他放下工作，陪妻子去美国旅行散心。

而今，王家卫与陈以靳不仅被人们称为电影上的“黄金搭档”，而且被视作爱情及婚姻上的楷模。

有人说，王家卫是被妻子的品德及才华折服了。其实，他对妻子更多的是感恩。感恩是一种大爱的情怀，大爱当然包含情爱，一个让人感恩的人，和一个知道感恩的人，必定能收获爱情之果，而且这果实会更为恒久、更为芬芳……

第三节　感恩他人

一、老师让我们领悟生命的意义

老师，让我们从无知无识变得学有所长，从无意识地度过人生到有目标地追求；让我们的人生开始有梦想，让我们看到梦想与现实之间的差距需要不断努力、不断追求，让我们的生命也因为追求梦想而更有意义。

在每一个人的一生中，都注定要有许多许多的老师，有的是你的启蒙恩师，有的是为你授业的恩师，甚至是一字之师、一理之师。正是他们让我们走出困惑，学会了做人的道理，让我们领悟了生命的意义，帮助我们追寻人生的真理和价值。对于我们的成长来说，老师是文化知识的传播者，带领我们在知识的海洋中遨游。

对于我们的成功而言，老师是我们成长的领路人，他教导我们如何做人、如何做事、如何选择，帮我们把握正确的人生航向，让我们最终走向成功。

美国有一位叫里基・C. 亨利的棒球运动员。他在上高中时就有一个梦想——做一名优秀的体育运动员，他在 16 岁那年棒球就已经打得非常出色了。当时，他的教练奥利・贾维斯对他充满信心，不仅认真教他棒球技艺，而且还教会了他如何对自己充满信心。

高中 3 年级的夏天，里基・C. 亨利的理想动摇了。他家里还有 6 个兄弟、3 个姐妹，有的也正在上学，家庭经济有些问题。为了帮助家里减轻负担，他想离开棒球场找一份临时工作。在朋友的推荐下，他准备去打一份零工。对他来说，有了这份工作，他不仅可以买一辆自行车、也可以添置一些新衣服、还可以存一笔钱补贴家用。想着这份工作诱人的前景，他想立即接受这份工作。

但是，当他鼓足勇气把这个想法告诉给奥利·贾维斯教练时，奥利·贾维斯教练非常生气。奥利·贾维斯教练注视着里基·C. 亨利，厉声说道：“你将有一生的时间来工作，但你能够参加比赛的日子能有几天？那是非常有限的！你浪费不起啊！”

他低下头，绞尽脑汁地想办法，该如何向教练解释自己想挣钱，并给妈妈买房子的打算，但不知道怎样面对教练失望的眼神。

“你想要去干的这份工作能挣多少钱？”

“一小时 3.25 美元。”他不敢抬起头来，小声答道。

“啊？难道一个梦想的价格就只值一小时 3.25 美元吗？”

随后，奥利·贾维斯教练极其耐心地帮里基·C. 亨利分析了打零工和棒球训练的前景，向里基·C. 亨利揭示了注重眼前得失与树立长远目标之间的巨大不同。最后，里基·C. 亨利终于明白了其中的道理，全身心地投入到训练之中。

在那一年，里基·C. 亨利被美国西南部匹兹堡市的派尔吉特棒球队选中，并且一次签订了 2 万美元的协议。此外，里基·C. 亨利还获得了亚利桑那大学的橄榄球奖学金，接受了大学教育。后来，里基·C. 亨利在两次民众评选中当选为“全美橄榄球后卫”，在美国国家橄榄球联盟队队员第一轮选拔赛中名列第七。1984 年，里基·C. 亨利与科罗拉多州首府丹佛的野马队签订 170 万美元的协议，终于圆了为妈妈买一座房子的梦想。

不妨设想一下，假如里基·C. 亨利当初没有听从教练的劝告，未能接受恩师的教导，放弃棒球训练而去打零工，他的命运将会怎样？他能够在很短的时间内实现自己的梦想吗？答案很显然。

人生道路上的岔路太多太多，只是我们不一定有机会像里基·C. 亨利那样面对面地聆听恩师的指点，但我们所有的选择无不包含着恩师的辛勤劳动。是恩师教会了我们选择的知识，帮我们掌握了分析利的能力，最终将生命之船划向成功之岸。

很多人习惯于把孩子比作花朵，把老师比作园丁。的确，花儿的绽放需要园丁辛勤的栽培和精心的呵护。为了鲜艳的花朵，他们日夜劳作，他们施肥、他们浇水，让阳光洒满每一个花朵，让雨露滋润每一片花瓣。为了花朵免遭暴风骤雨的摧残，他们甚至付出了生命的代价。

在贵州省的大山深处，有一所很小的小学。学生们上学都必须要经过小河下游的一座小桥。这是一座用石头砌成的小桥。一位年轻的教师为了护送学生过桥，在这里画上了生命的句号。

连续下了两天两夜的大雨让河水暴涨，水漫过了小桥。为了安全，村里人用绳子系在河的两岸，让过桥的人扶着绳子通过石桥。放学的时候，一位姓田的老师担负着护送孩子们回家的任务。田老师帮助大部分同学平安地过了小桥，就在护送最后一批学生过桥时，危险发生了……一声惊雷让走在最前面的一位女同学忽然放开了棕绳，一个不小心，这位女同学掉入洪水中被冲走。田老师紧急安抚好桥上的同学之后，毅然跃入河中，经过几次拼命抢救，女孩得救了，但筋疲力尽的田老师却被洪水卷走了。两天之后，人们在小河下游十几里处打捞到了她的尸体。

她用自己柔弱的肩膀托起了老师的责任，用自己的生命换回了学生的生命。她是这位同学的恩师，也是我们大家的恩师！

有一位叫马付才的同学，他因为一场意外的车祸而成了残疾，走路老是一瘸一拐的。慢慢地，他开始在心里自卑起来。由于怕同学们笑话，他从此不再上体育课。但后来一位姓杨的老师帮助他从自卑的阴影中走了出来。

一次体育课上，杨老师听了他一贯的理由之后，一字一顿地说："你和我们一起做广播体操总可以吧？"看着老师征求的眼光，马付才同学终于点点头，同意了。可就在做完一套广播体操之后，老师又安排了跳高训练。同学们一个一个都跳了过去，马付才的名字被叫响了。面对第二次点名，他气愤地说："不行！你明知道我这个样子，为什么还要让我跳呢？我跳不了！"

"你看看这高度！你一定能跳过去的！为什么老是把自己当成一个残疾人、窝囊废呢？"杨老师激励着他。

杨老师话音刚落，马付才疯了一般地向跳杆冲去，并顺利地跳过了跳杆。之后，在杨老师的特意安排下，马付才一次又一次地跳过了跳杆。

下课后，杨老师亲切地拍着马付才同学的肩膀告诉他，在他第一次成功跳过跳杆后，跳杆的高度被老师有意抬高了，但他还是跳了过去。杨老师意味深长地说："以后不管什么时候都不要给自己设限，而且要把跳杆不断往上提！"

这次事件之后，马付才完全恢复了自信。他走出了自卑自怜的阴影，他不再逃避。他和同学们一起出早操，一起跑步，并在体育课上主动将跳杆的高度一次次往上提，他都一次次地成功跨越。

更可喜的是，由于不断锻炼，马付才同学的病情有了好转。他心理和身体的疾病都得到了改善，最终顺利地考上了大学。

大学毕业后，马付才走上了社会，成了一个对社会有用的人。每每在事业上徘徊不前的时候，他就想起杨老师的那句话。那句话一直激励他前进。如果没有杨老师的教诲，马付才的人生将不可想象！遇上这么好的老师，他的人生命运因此而改变。

我们常说，教师是人类灵魂的工程师。没错，人生路上有恩师的教导，就不会迷失方向，一路之上有恩师的关注，才会更加自信，才会勇敢地走向新的辉煌。

二、友谊，滋润着我们的心灵

友情是一盏黑暗中的明灯，是一支照亮你心灵的蜡烛，它好似潺潺小溪边生长的野花，零星的、散落的，但却是芳香的、天然的、浓郁的、悠长的。

曾经有一位傲慢的记者讽刺一个衣着寒酸的人："请问您觉得自己有多富有？"这个人毫不犹豫地回答："我是一个富翁，一个比国王还要富有的富翁，因为我有朋友！"一个人有了朋友，就好比有了一大笔财富。

有人说过，所谓幸福，就是要有一颗感恩的心、一个健康的身体、一份称心的工作、一位深爱你的爱人和一帮可以信赖的朋友。

朋友间需要的就是信任。因为信任是做朋友的基础，没有彼此之间的信任，就失去了做朋友的前提。信任也是打开我们心扉的一把钥匙，是一种弥足珍贵的东西，没有人能够用金钱买得到，也没有人可以用利诱和武力争取得到；它来自一个人的灵魂深处，是活在灵魂里的清泉，可以拯救心灵，让心灵充满纯洁和自信。

公元前 4 世纪，在意大利，有一个名叫皮斯阿斯的年轻人触犯了国法，被判死刑。皮斯阿斯是个孝子，在临死之前，他希望能与远在百里之外的母亲见最后一面，以表达他对母亲的歉意，因为他不能为母亲养老送终了。他的这一要求被告知了国王，国王感其诚孝，决定让皮斯阿斯回家与母亲相见，但条件是皮斯阿斯必须找到一个人来替他坐牢。这是一个看似简单其实近乎不可能实现的条件。有谁肯冒着被杀头的危险替别人坐牢？这岂不是自寻死路？但茫茫人海，就是有人不怕死，他就是皮斯阿斯的朋友达蒙。

达蒙住进牢房以后，皮斯阿斯回家与母亲诀别。人们静静地看着事态的发展。日子如水，皮斯阿斯一去不回头。眼看刑期在即，皮斯阿斯也没有回来的迹象。人们一时间议论纷纷，都说达蒙上了皮斯阿斯的当。

行刑日是个雨天，当达蒙被押赴刑场之时，围观的人都在笑话他的愚蠢，幸灾乐祸的大有人在。但刑车上的达蒙不但面无惧色，反而有一种慷慨赴死的豪情。

追魂炮被点燃了，绞索也已经套在达蒙的脖子上。有胆小的人吓得紧闭了双眼，他们在内心深处为达蒙深深地惋惜，并痛恨那个出卖朋友的小人皮斯阿斯。

但是，就在这千钧一发之际，在淋漓的风雨中，皮斯阿斯飞奔而来，他高喊着："我回来了！我回来了！"

这真是人世间最感人的一幕！大多数的人都以为自己在梦中，但事实不容怀疑。这个消息宛如长了翅膀，很快便传到了国王的耳中。国王听闻此言，也以为这是痴人说梦。国王亲自赶到刑场，他要亲眼看一看自己优秀的子民。最终，国王万分喜悦地为皮斯阿斯松了绑，并赦免了他的死罪。

在日常生活中，一个人能被别人信任，那份心情的确会跟平时不一样。男人、女人，相识的、不相识的，当对方真诚地说出一句“我信任你”时，被信任者会有一种崇高的感觉在心中升腾，觉得自己受到他人的信任很光荣，内心很欣慰、很自豪，这是一种对人格的慰藉。于是，被信任者会像珍惜一份至高无上的荣誉一样珍惜他人对自己的信任。

达蒙即使被送上绞刑架，他也信任朋友皮斯阿斯；而皮斯阿斯记着朋友对自己的信任，所以才会在最后关头日夜兼程地赶回来。他们最终感动国王，使皮斯阿斯获得赦免。

我们可以把信任看作是一棵长在心里的常青树，站在这棵大树下，人的心灵被生命的绿意滋润着，感到心与心之间并没有遥远的距离，感觉彼此之间走得很近，这样可以使朋友间的友谊更为亲密和坚固！

三、对手是我们最好的朋友

你无时无刻不因为他的存在而恼火，费尽了心思想要战胜他，然而，你却一直无法摆脱他的存在。他像一个无法醒来的噩梦一样缠绕着你，你始终未能体会到战胜他的喜悦，你甚至无法忽视他的存在。对于这样一个你必须要面对的敌人，其实你完全可以把他当成最好的朋友。

把他当成朋友，你才能摆脱负面情绪的困扰，不再因他的存在而让自己备受折磨；把他当成朋友，你才能看到他身上的闪光点，从他身上广泛地吸收养料精华；把他当成朋友，你才能以一种健康的心态，面对你们之间的微妙竞争关系。

董志华不是没有感受到江伟对他的敌视态度，只是他总是假装不知道而已。他们同在这个竞争激烈的跨国公司工作，每个人都在顶着巨大的压力工作，尤其是两个实力相当的人在同一个部门工作竞争，难免产生“一山不容二虎”的现象。

江伟也是一个十分有才气的人，他的方案也常常让董志华刮目相看。为了与江伟相抗衡，董志华也常常是寝食难安。其实，江伟的存在同样也会让董志华感到不舒服，如果没有他的存在，董志华的压力也不会像现在这样大。其实，董志华也不喜欢张狂的江伟，但是，聪明的董志华更知道，江伟的存在反而让他有了更多的成长空间。于是，董志华对待江伟的态度，多了一些朋友之间的宽容。

董志华对于江伟的优点如数家珍，江伟却常常对别人酸溜溜地陈述董志华的缺点。在这一点上，其实江伟就显示出了更多的小家子气，他封闭了自己前进的可能；而董志华不但没有像江伟一样整日心情沉郁，反而不断地吸收养料前进着。

眼看着董志华的成绩越来越好，江伟整日生活得惴惴不安，最后，他觉得自己实在无法胜任这个工作，递交了辞呈。他走的时候，董志华感到十分遗憾，他看着江伟落寞的身影，觉得自己需要一个新的对手了。

对于每一个人来说，所有曾带给你挫折和磨难的人，都是你生命里的一把双刃剑，他既可以磨砺你的意志，激发你的潜能，也可能让你颓废绝望，丧失自我。他可能是你的清醒剂，让你重新找到自我，奋发向上；也有可能他就是你的穿肠毒药，让你就此一败涂地或彻底毁灭。

其实，你的进步和成熟都离不开与对手的较量，在这个危机重重、悬念迭生的过程中，会让你逐渐积累迈向成功的能量。对手对你的推动作用往往要比你的朋友迅速有效得多。把那个让你耿耿于怀的对手当作你的朋友吧，学会和你的对手共处，感谢他的存在，因为他是你人生路上一笔不可多得的宝贵财富。

草原上的羊群因狼的存在而不断繁衍壮大，森林中的树木也因对手众多而长得高大挺拔。在现实生活中，没有天敌的动物往往最先灭绝，腹背受敌的则繁衍至今。造物主没有让处处一帆风顺、事事顺心如意的人成为栋梁，所有被称为伟人的人无一不是历经重重困难，曾被视为命途多舛的人。

把对手当成是你最好的朋友，不要畏惧他的存在，更不要对他心存芥蒂，渴望对手的出现吧，只有他才能让你在人生的舞台上如鱼得水，成为真正的强者。

把对手当作朋友一样相处，是每一个成功者不可缺少的品质，只有这样才能让你了解对手，打败对手。正如很多人无法想象，为什么两个仇深似海的人也能坐下来喝茶聊天，其实这正是不可多得的胸怀和气量的体现。把对手当成朋友，才有可能最清晰地了解自己的弱点，掌握对手的心态，让你在以后的较量中，不至于因为无所准备，增加了你获胜的筹码。

王浩，国内名校毕业，年纪轻轻就已经是一家上市的贸易公司老板，身边阿谀奉承者不计其数，到处都是对他的溢美之词，难免会让他产生一种满足感。

然而，商场如战场，转瞬间就被人抢占先机。有人收买了王浩手下的得力员工，掌握了他们公司的商业机密，于是，抢在他们的前面，把他们的方案提前推出市场，这无疑给了王浩迎头一拳重击，让王浩的公司顿时陷入了困境。

曾经无限风光的人现在处处碰壁，王浩在四面楚歌的情况下开始认真地思考，自己曾经看似成功的状况是多么的不堪一击。王浩下定决心脚踏实地地从头再来，他认真研究别家公司的发展模式，丢弃了以前的自高自大，向他的对手们认真地学习。

这一前所未有的重创并没有打倒王浩，反而让他更清醒地面对自己和自己身边的人。他把对手当作朋友，广泛地吸收别家公司经营模式上的优势，反而把公司的规模越做越大，而用单部手段盗取王浩公司商业机密的那家公司，终于因不适应激烈的竞争环境而破产了。

商场上，没有永恒的朋友，当然也不存在永恒的敌人，敌人和朋友之间的关系常常是相互转化的。如果某个敌对的人让你无法逃避却又令你头疼不已，那么，就试着待他当作朋友吧，在某种程度上和谐相处，反而会让你与周围的人的关系轻松不少，也会让你们之间的竞争充满向上的意义。

不要为遇到对手而苦恼，不要对你的对手心怀抵触，体会他种种的珍贵之处，才能让你从心底里用朋友的态度对他。当你调整好对待对手的心态，才能让你真正拥有面对对手乃至战胜对手的智慧，这是你人生路上必须迈进的一步。

感谢你的对手，他让你的理想之湖激荡出壮美的浪花，他使你和缓的心灵奏鸣出激扬的旋律，他为你平淡的人生点缀了缤纷的色彩。

第四节　感恩自然

一、用孩童的眼光看世界

塞尚说：“天真纯朴地接触自然，那是多么困难呀！人们须能像初生儿那样看世界。”纯净如水晶的心，你本来就拥有一颗，这就是童心。但长久以来，我们都失去了童心，失去了爱玩乐的天性，这是使我们不快乐的原因。

小孩子和大人最大的不同，就是小孩子拥有一颗赤诚的心。他眼中的世界是美好的，他热爱这一切事物，且每一样东西都让他赞叹惊异。所以你应该被小孩子引导“重新”去看这个你已经有定论的世界。你的心灵、你的声音、你的行为，会随着与孩子相处而变得像个孩子。

当你散步在校园里，就会耳闻目睹孩子们的玩乐。你会觉得他们完全沉浸在玩乐的喜悦中，他们欢快地跑跳、嬉戏打闹，完全不像你那样惦记未来的困难。他们必须马上回到教室上课，必须参加考试，必须关心朋友和服从老师指挥，他们面临着如此多的困扰，但是他们具有摆脱烦恼的奇妙能力——能够泰然处之，顺其自然；他们不为困难发愁，能够完全投身于玩乐中。总之，他们不让未来的烦心事缠身，尚未失去生活于现在的诀窍，所以能充分体味快乐。然而，步入成年之后，你就会发现你失去了这一诀窍，并确信这一诀窍不会失而复得了。

没有几个大人会抛开一切束缚，加入到孩子们的游戏中去，然而往往只有孩子们知道怎样度过大好时光，怎样把最乏味的环境变成有趣的活动。但是成年人不让自己从山坡上滚下来或做捉迷藏的游戏，究竟是为什么？其实，我们每个人的内心仍然是一个天真的孩子，他喜欢在草地上打滚，不在乎把衣服弄脏和别人如何看待他。

詹姆士·科瓦诺夫在其美丽的诗歌《小男孩啊，我失去了你》中表达了这种小顽童仍常驻在心中的感觉：“小男孩啊，我失去了你，你的爽快的笑和无视疼痛的精神都跑到了哪里？你尽情地玩、尽情地闹，无忧无虑；你捉青蛙，心跳不停，硕大的青蛙使你的小手望尘莫及。你同小伙伴在寂静的森林中漫游，被乱窜的豪猪吓得不敢喘气；冷了点堆火，饿了用树叶充饥；你无暇思考，前面又有一株长着刺的药用蜀葵；当与朋友走散时，口袋里的大折刀为你鼓足勇气；老朽的枯木旁藏着鲜艳的花朵；小猎狗兴高采烈，咬你的手指、咬你的牛仔裤。还有那没曾想到的足球赛、一罐果汁和蟑螂的歌唱。你何时失去了天真的感觉，年轻的心不再容易颤抖。大人的沉闷、登山的恐惧和世俗的吵闹，去哪里寻找生活的意义？越是苦苦追求，越是得不到，追求的痛苦反而使你远离童年的乐趣。”

如果你发现你的内心失去了天真，你应认识到它离你不远，这样，你就能开始与它接触。事实上，你的最大障碍在于你不愿意结识并接受你内心的“小顽童”。

赫胥黎曾说：“天才的秘诀，即在于能够一直保持童年的那股赤诚至老。”可惜，保留这项特质的人太少。那些自杀的、厌食的、吸毒的青少年，他们之所以如此，都是因为他们把自己的童心遗弃了。生活在游戏世界中的儿童，是真正的贵族，他们总是心无旁骛、浑然忘我地玩乐，尽情挥洒自由的生命。

天才也往往如此，他们知道“爱玩乐”是灵感的源泉。所有的科学家、哲学家或大艺术家都是爱玩乐的。他们知道，无论发现什么、想完成什么，都要先经过“玩乐”的过程。我们也必须学习在生命里，去给玩乐一个较高的优先权，为自己添人一抹童心的笔触，这是让心情好起来的最佳方法。

二、与小动物和谐相处

古罗马戏剧家泰伦提乌斯说：“有生命，那里便有希望。”我们生活的这个世界充溢了各种生命，包括动物植物和我们人类。如果没有动植物与我们相伴，我们将不知道这个世界如何荒凉。试想，当地球上只剩下人类时，将是多么可怕。所以我们应该热爱动物，为它们与我们的共处感恩。

丰子恺一家住在杭州西湖边时，家中养了一只叫“白象”的白猫，这只猫成为他喜爱的新朋友。他喜欢白象，首先是因为这只猫好看，有两只一黄一蓝的“日月眼”，在太阳光下走动的时候，瞳孔细得就像是没有了，两只眼睛则像舞台上装的不同光色的电灯一样，人人见了都惊叹。丰子恺的女儿们回到家，一坐下，白象就会跑过来跳向她们的膝头。她们不忍心动弹，就坐着不动，向人要茶，要换鞋，要报看。大家因为喜爱白象，竟到了这种程度。

但是有一天，他忽然不见白象来吃饭，天黑了仍不见；第二天，还是没有见。丰子恺有点着急了，便写了两张海报，重金寻猫，但最终都没有人将猫送来。后来听说，它是死在水沼里了。于是丰子恺想到，猫是不肯死在家里的。这一定是白象知道生命要完结了，才外出去死！白象留下的小猫，5 只死了 3 只，还有 2 只，活泼可爱，常常是丰子恺在读报，2 只小猫便爬到他架起腿后的两只脚上，一高一低，令人见了发笑。而丰子恺则习以为常，倒觉得脚上没有两只猫反而不舒服了。

大家都知道丰子恺爱猫，便给他送猫。很快，家里就有了 5 只猫。结果是，这 5 只猫经常成群结队地偷鱼吃，甚至偷蛋糕吃，这让大家都很反感。丰子恺却认为，猫之所以贪污，是因为没有吃饱的缘故。如果把每只猫喂饱，它们也就会各自去睡觉、洗脸、捉尾巴，而不会去干偷窃的事。于是，他把家里的大司务叫来，详细地询问了猫的饮食问题。大司务回答说："每日规定三顿，每顿 10 条猫鱼，拌一大碗饭。"丰子恺说："这么多猫，这点饭怎么够呢，为什么不多买点猫鱼？"大司务回答："这是太太规定的。"于是丰子恺去找太太，太太说："一向都是这样呀。"丰子恺说："不行，就这一点点。你这不是逼猫贪污吗！应该给 30 条猫鱼……"从此猫的贪污案件终于销声匿迹。丰子恺爱猫，也更加有名了。

在 20 世纪 50 年代，丰子恺的家里养了一只黄猫，起名叫"猫伯伯"。在他的故乡，伯伯不一定是尊称，而是一种调侃的称呼。这只猫伯伯，丰子恺的女儿一吟特别喜欢。有时她正在写文章，忽然猫伯伯跳上来，面对着她，端端正正坐在稿纸上，让她无法写作；有时甚至盘起身来，就在稿纸上睡觉，身子正好装满了稿纸。

有一天，家里来了一位贵客，气氛一时有些严肃。正在这时，猫伯伯跳上矮桌，嘎嘎贵客的衣袖。贵客抚摸它的背，称赞："这猫真好！"于是气氛便融洽了，开始了闲谈。正谈着，猫伯伯竟然迅速地爬上贵客的背，端端正正地坐到他的脖子后面了。丰子恺正恐着，但那贵客却低下头，使猫坐得更舒服。丰子恺于是总结：猫能化岑寂为热闹，变枯燥为生趣，转懊恼为欢笑；能助人亲善，教人团结；即使不捕老鼠，也有功于人。然而，这只猫却短命，在 4 岁时便死了，以至于丰子恺当时不愿意写它，直到 10 年后，才又深情地回忆起它，并由它回忆起 60 年前，父亲所养的活了 18 岁的老猫。那老猫在父亲晚时，总是坐在酒壶边，父亲常用豆腐干喂它，而这豆腐干，是丰子恺的姐姐们所享受不到的。由此观之，丰子恺爱猫，还有家传因缘。

在 20 世纪 60 年代，丰子恺又养过一只白猫，这猫的名字叫"阿咪"。阿咪之父是中国猫，其母是外国猫，所以它的毛很长，像兔子一般。

那时候，白天孩子都不在家，家里十分寂寞。自从有了阿咪，家中便热闹了。厨房里常有保姆的话声或骂声，其对象便是阿咪。有时客人带孩子来，大人谈话，孩子感到很无聊。忽然阿咪跑来，它来招待小客人，大人也就安心谈话了。丰子恺照过一张照片，他身穿棉衣在写作，小阿咪就坐在他的肩上，看他写作。面对小阿咪，丰子恺有时回忆起15年前的“白象”和10年前的“猫伯伯”，特别希望阿咪能像60年前父亲养的老猫一样，能活18岁呢……

生活中你是不是也像丰子恺一样对你身边的小动物充满了怜爱，对它们小心呵护呢？这是一种慈悲心，是一种爱。在这个世界上也正是因为有了它们的相伴，我们的人生才有了更多姿彩。动物是我们的朋友，我们应该善待它们，与它们和谐共处。

三、保护我们赖以生存的环境

“很久以前我丢失了一只猎犬、一匹栗色马和一只斑鸠，至今我还在追踪它们。我对许多旅客描述它们的情况、踪迹以及它们会响应怎样的召唤。我遇到过一两人，他们曾听见猎犬犬声、奔马蹄音，甚至还看到斑鸽隐入云中。他们也急于追寻它们回来，像是他们自己遗失了它们。”这是梭罗留在他的《瓦尔登湖》中的一则寓言。尽管他说“请原谅我说话晦涩”，还是有人跑去问他是什么意思，他反问：“你没有失去吗？”

回答比寓言更像寓言。其中一个对应的解释为：怎样做，才能不失去我们赖以生存的环境？我们与其说是应当去战胜和征服自然，不如说是要去做自然的朋友，与自然界达成某种和解，与所有其他种类的生命达成某种和解。否则，我们既无法追回所失，也将留不住所拥有的，这就是现实。

在我家附近有一个卖熟食的铺子，有时候我会去铺子里买些猪耳朵之类的食品，带回家来。但我从来不用铺子里给的盒子和塑料袋，而总是拿着一个自己家的方食盒去买食品，这样回到家后也省得再把盒子里的食品腾到碟子里了。

我让老板娘给我割了一块肉。她微笑着对我说：“七块二毛五。”当我拿出钱包取钱时，她用赞赏的口气说：“给七块钱吧！两毛五分就算了。我想鼓励人们增强保护环境的意识，也的确希望每个人都能像你这样。”我就像一个学生得到老师的表扬一样，高兴得发狂。并且我得到了一份小小的保护奖——她给了我两角五分的折扣。

也许你会说两角五分算得了什么！但是我当时却真的很激动。回到家里，我就忍不住向周围的人夸耀我得到的这份奖金。我先给外地的好友通了电话，把这件事告诉了他。我又向别人讲了又讲。家里人对我的行为都迷惑不解。是呀，两角五分的奖金有什么特别的呢？

我觉得在我们所有污染环境的罪过中，最容易避免的就是塑料袋。我小的时候，大人们总是带着手工编制的竹篮到集市上去买东西，豆腐和猪肉都包在绿色的荷叶里，最后它们都回到大地母亲的怀抱里。

可是，我们现在使用的塑料袋和过去用的包装物真的是有太多的不同了！这也是我买熟食时总带着一只食盒的原因。当然，保护环境的行为会给自己带来一些不便，但是这些不便不过是我们热爱祖国所付出的代价罢了！常常有卖主问我为什么不要塑料袋时，旁边的人就会替我说："她要保护环境！"

我对他们的理解表示衷心的感谢。还有那两角五分的奖金，让我觉得它是在我一生获得的奖金中，最宝贵的一次！

"只有当最后一棵树被刨，最后一条河中毒，最后一条鱼被捕，你们才会发觉，钱财不能吃……"这首古老的印第安人的歌谣，令人感慨万千。人与自然，就像是一对终身相守的夫妻，你对她多一分爱意，便会多得到一分温暖；你若是专横暴戾，报应便是冷酷无情的。我们漫不经心地将用过一次的易拉罐扔掉，却很少想过，大自然赐予了人类矿石，经冶炼变成金属，再经各种各样的工序，最终成为一个小小的金属罐。这中间包含着自然的多少厚爱，凝结着别人的多少劳动成果。而我们只是那么随手一扔！我们过分庞大的需要产生了过分庞大的工业，过分庞大的工业使得资源枯竭、环境污染，于是又需要追加人力和钱财去对付新的难题——一个忙得我们来不及思想的难题！

保护大自然是我们共同的责任。在地球这叶生命的"方舟"正在下沉的今天，对环境的爱护与珍惜已不仅仅是一种经济行为，并且还是一种道德行为。我们必须要用道德的准绳来约束和引导人类保护环境的行为。

四、感恩自然，她养育了众多的生命

感恩自然，是她在养育着我们的生命，如果没有自然就不会有我们人类的生命。科学家说："人类是从河里爬出来的。"其实，我们更应该说："人类是在河岸边生存下来的！"世界四大文明古国无不是在河流的养育下才形成的。

自然中的水是我们赖以生存的资源；自然中的生物，让我们得以果腹，维持最基本的生存需要；土地更是为我们提供了一切活动的平台，让我们播撒希望的种子，收获粮食；自然中的矿藏，给了我们生活必需的能源，没有矿藏，人类就不会得到快速的发展。

自然又给予了我们无边的风景："花开花落，云卷云舒"的奇丽；"梨花院落溶溶月，柳絮池塘淡淡风"的淡雅；"大漠孤烟直，长河落日圆"的豪壮；"天街小雨润如酥，草色遥看近却无"的朦胧……感谢大自然给予我们美的享受，使我们的生活有了光彩！

感谢大自然把风给予了春。"吹面不寒杨柳风"，当春风吹拂过你的面颊，再无昨日的严酷凌厉，而像婴儿湿润的气息抚摩着你，你一定会低叹、会欣喜："春将至。"你能想象没有风通知我们春的信息？你能想象无风的春天？诗人说"二月春风似剪刀"，恐怕只有诗人的慧心慧眼，才能发现风的魔力！何况，无风时，纵然花开，可花香怎么能传千里？纵然鸟鸣，可歌声何以飘过山林？是风让春有了灵气，风是春的灵魂。

感谢大自然把花给予了夏。“有情芍药含春泪，无力蔷薇卧晓枝”，百花齐放，争奇斗艳，使火热的夏天变得色彩斑斓，魅力无比。牡丹艳冠群芳，茉莉香气袭人，芍药脉脉含情，蔷薇静卧晓枝……花是夏的内涵。感谢大自然把月给予了秋。“人有悲欢离合，月有阴晴圆缺”，伴着秋的凄清，给月更多的是思念、牵挂与祝福。天涯路上，一起喜庆相逢，举杯对饮，遥祝明月；一起摇水飞篷，相邀嫦娥，与吴刚献酒，拜月而歌；带着淳朴的相思之情于浮想翩翩中，效仿古人中庭拜月，轻步宫，推杯把盏，樽醇明月；一起燃起友谊，延伸真情，一起把那一份相思的链斋、悟静的深围、花絮的呢喃之深情，梦幻成时间驻足、磐石为亘古的传说。月是秋的代言。

感谢大自然把雪给予了冬。“忽如一夜春风来，千树万树梨花开”，似柳絮，像梨花，纷纷扬扬降到了人间，世界变成了粉妆玉砌的世界，使原本肃杀的冬季，多了几分人情味儿，多了几分亲切感。傲雪之梅，独立于严冬，让雪也变得高洁与尊贵。雪是冬的精气。

日月经天，江河行地，春风夏花，秋月冬雪，多彩多姿，色彩斑斓的大自然是多么的美妙，多么的和谐，多么的壮丽！我们感谢大自然，它不但是我们的生存空间，更是我们精神寄托的伊甸园。

千万年来，我们人类从美丽的自然中索取，享受着自然给予我们的美丽景色，无时无刻不是在享用大自然的奉献。但是，我们所赖以生存的自然现在已经是伤痕累累。即使是这样，她仍然在以博大的胸怀包容着我们，忍受着人类对她的摧残。

一节电池扔在地里会让一平方米的土壤永久地失去价值，但是人们仍然在把废旧的电池随便乱丢。工业污水会导致大片的水域受到污染，严重影响附近居民的正常生活用水，但是为了一己之便，仍然有人源源不断地把污水输送进河流。一粒小小的纽扣电池，会导致 600 吨水受到污染，但是同学们又有哪个人意识到了这点呢。

日本熊本县水俣病地区自 1953 年以来，居民们开始面部呆痴、全身麻木、口齿不清、步态不稳，进而耳聋失明，最后精神失常，全身弯曲，高叫而死；还出现“自杀猫”“自杀狗”等怪现象。截止到 1979 年 1 月受害人数达 1004 人，死亡 206 人。1956 年 8 月由日本熊本国立大学医学院研究报告证实，这是由于居民长期食用了八代海水俣湾中含有汞的海产品所致。

汞也称水银，是我们常用的温度表里显示多少度的银白色金属，它是一种剧毒的重金属，具有较强的挥发性。汞对于生物的毒害不仅取决于它的浓度，而且与汞的化学形态以及生物本身的特性有密切关系。一般认为，汞是通过海洋生物体表（皮肤）的渗透或摄食含汞的食物进入体内的。

汞进入海洋的主要途径是工业废水、含汞农药的流失以及含汞废气的沉降。此外，含汞的矿渣和矿浆也是其来源之一。

水俣湾为什么会有含汞的海产品呢？这还要从水俣镇的一家工厂谈起。水俣镇有一个合成醋酸工厂，在生产中采用氯化汞和硫酸汞两种化学物质作催化剂。催化剂在生产过程中仅仅起促进化学反应的作用，最后全部随废水排入邻近的水俣湾内，并且大部分沉淀在湾底的泥里。工厂所选用的催化剂氯化汞和硫酸汞本身虽然也有毒，但毒性不很强。然而它们在海底泥里能够通过一种叫甲基钴氨素的细菌作用变成毒性十分强烈的甲基汞。甲基汞每年能以 1% 速率释放出来，对上层海水形成二次污染，长期生活在这里的鱼虾贝类最易被甲基汞所污染。据测定水俣湾里的海产品含有汞的量已超过可食用量的 50 倍，居民长期食用此种含汞的海产品，自然就成为甲基汞的受害者。一旦甲基汞进入人体就会迅速溶解在人的脂肪里，并且大部分聚集在人的脑部，黏着在神经细胞上，使细胞中的核糖核酸减少，引起细胞分裂死亡。水俣病是直接由汞对海洋环境污染造成的公害，这今已在很多地方发现类似的污染中毒事件，同时还发现其他一些重金属如钴、铜、锌、铬等，以及非金属砷，它们的许多化学性质都与汞相近，这不能不引起人们的警惕。而另一种“骨痛病”的发生，经长期跟踪调查研究，最终确认这是由一种重金属污染所致。

我们得到了自然的恩惠，就要懂得感恩自然，和自然和谐相处，这样才利于我们长久生存。对自然的感恩，无疑是最大限度地保护我们的自然，减少人类对自然的肆意破坏。

我们要学会感恩自然，珍惜自然的产物，感悟生命的真谛。一个懂得感恩的人必然有着美好的品格，对生活和生命有着极大的感情，他们能够跨越心灵的隔阂，感悟生命最伟大的本质。

第五节　感恩社会

一、感恩社会，它给我们安定、和谐

当一个人懂得感恩时，便会将感恩化作一种充满爱意的行动，实践于生活中。感恩不是简单的报恩，它更是一种责任，一种追求阳光人生的精神境界！一个人会因感恩而感到快乐，一颗感恩的心就是一粒和谐的种子。我们只要怀有一颗感恩的心，就能发现生活的美好、世界的美丽，就能永远快乐地生活在真情的阳光里！

我们能够在窗明几净的教室里安心学习，这和社会环境息息相关。只有当整个社会安定、和谐，一片祥和的时候，我们才有机会安心地坐在教室里学习。每天都有很

多人在为我们的学习、生活环境提供必要条件。农民在土地上辛勤耕耘，给我们提供了必要的生活资料；警察每天都在维护社会的安定，让我们免于遭受歹徒的侵犯；医生尽职尽责，以高超的医术为我们消除病痛；公交司机不辞辛苦，为我们提供必要的交通保障……

试想，如果没有他们的努力，没有稳定的社会环境，我们的生活将会是多么的糟糕。因此，我们在感恩父母、老师、同学的时候，别忘了感谢我们的社会。是它让我们生活在一个安定、和谐的社会环境中，逐步走入“小康”社会，拥有了良好的生活环境。

如果说，父母是你一个人的父母的话，那么，社会就是所有人的“父母”。她在以实际行动保护着其中的每一个人，她为我们付出了很多，但却求之甚少。

每个人都必须在社会中生活，不可能有独立于社会之外的人，我们每天都要从社会中索取很多东西。但是，在学生当中，往往会因为对社会的了解不够、认识不深，只看到了社会不好的一面，从而忽视了社会对我们的关怀。从这个角度来讲，更应该培养自己的感恩意识，增强自己奉献社会的精神，感恩身边的每一个人，感恩她提供给我们的生存机会。

社会是由个人组成的，我们要有一双善于发现社会美好一面的眼睛，学会感恩社会，及时伸出自己的援助之手，帮助社会弱势群体。这样，我们得到的将会是加倍的。同时，也只有这样，我们的社会才会更加的和谐、安定，我们也才会有一个更加稳定的学习环境。

作为学生，面对社会给我们的安定环境，我们能够做的就是在学校努力地学习文化知识，积极参加社会实践活动，当自己踏入社会的时候，努力为社会作贡献，让社会变得更加美好。

生活是这样美好，这样安定、祥和，那是因为社会中时刻有人在给予我们恩惠。因此，我们应该时刻拥有一颗感恩的心，感恩社会，感恩那些帮助我们的人，感恩那些在需要的时候给予我们帮助和鼓励的人。这样我们会看到社会更多美好的东西，看到人性的善良，鼓起更大的生活勇气，创造更多不平凡的成就。

二、感恩社会，它为我们提供锻炼机会

只是学习书本知识，我们还远远不能够符合社会的要求，要想真正成为社会所需要的人才，需要我们把自己所学的东西真正运用到实践中，在实践中不断完善自己。而我们的实践机会需要社会来为我们提供，不然我们便只能够纸上谈兵，毕业之后在社会上将会到处碰壁。

“读书是学习，实践也是学习，而且是更重要的学习。”社会实践是思想品德形成

和发展的基础，也是对学生进行素质教育的有效途径。感恩社会，也要感恩社会提供给我们的锻炼机会。

列宁曾说：“学习、教育以及训练如果只是局限于学校之内，而与沸腾的实际生活脱离关系，那我们是不会信赖的。”所以，社会实践能够帮助我们从书本中走出来，开阔自己的眼界，增长自己的才干。江泽民同志曾经指出：“不要整天把青少年禁锢在书本和屋子里，要让他们参加一些社会实践，打开他们的视野，增长他们的社会经验。”

我们每个人生命的成长，都需要自身体验，这对于学生来讲尤为重要。只有自身体验到的东西，才是真正意义上的获得。教育是一种唤醒或激发，使自身的潜能充分释放，而不是人们常说的塑造。素质教育要得到全面实现，就必须与社会实践相结合。只有这样，才能使学生的实践能力和创造精神得以发展，才能使书本知识从“理论的影子”变为“实践的手脚”。

实现科学文化与思想修养相统一，才是我们青少年学习、成长的必由之路。

如今，有很多的学校都在利用暑假等假期有计划、有组织地安排学生参加一些社会调查、社会活动、素质拓展训练、潜能训练等社会实践活动，这有利于学生认知自己、突破自己、了解社会、适应社会、服务社会；有利于理论联系实际，锻炼学生的组织管理能力、社会交往能力、增强责任心和使命感，培养求真的科学精神，提高综合素质，并从中展示自己的才华、升华自己的理想、实现自己的追求。

古人云“投之以桃，报之以李”，通过社会实践我们增长了自己的才干，让自己拥有了真才实学，同时，利用这个机会，也使我们的知识服务于社会，从而使自身的价值得到了更好的体现，可以说，是在社会实践中升华了自己的理想，成就了自己的追求。

社会实践让我们接触了更多的对象，逐步端正了自己的情感，促进我们心理调节系统的成熟，进而提高心理素质。同时，社会实践所涉及的知识非常广泛，这必然能够充分地调动起我们学习的兴趣和运用知识解决问题的内在驱动力，从而提高了自身分析、解决现实问题的能力。最重要的是，社会实践为我们提供了更多的动手机会，让我们从中能够领悟到工作时应该付出的努力和应有的责任感，提高自身的思想和道德水平。

社会实践与学生的课堂学习是相辅相成的。只有合理、恰当地运用时间，让自己投入到社会锻炼中去，才能拓宽我们的知识面，我们自身的各种品德才有机会经受锻炼，我们才能知道自己有何特长，具体应该增长哪方面的才干。

感恩我们的社会，她给我们提供了如此之多的锻炼机会，让我们不再像以前一样最后成为一个书呆子，而是发展成为活学会用、与时俱进的栋梁之材。

三、感恩社会，做不抱怨的人

社会给予了我们很多通过自身难以得到的东西，比如，和平、安定的生活环境。我们现在使用的教室、尽职尽责的老师、供我们休闲散步的公园，等等，都是社会提供的，否则，我们现在所拥有的一切都将不会存在。在现实生活中，有很多人总是会抱怨这个社会有多少不尽人意的地方，但是他们没有意识到社会已经为我们提供的便利和好处，不懂得感恩现在自己从社会中所得到的东西。

美国前总统罗斯福身上曾经发生过这样一个故事。

那时候，罗斯福还没有做美国总统。有一次，他家不幸被小偷偷走了很多东西。知心朋友害怕他难过，便来信安慰他。不料，他却给朋友回复了这样一封信，信中表明了他的三种态度：第一，这个小偷偷了东西，并没有伤害人是好事；第二，他只是偷走了部分东西，并没有偷走全部的东西，是第二件好事；第三，最重要的，他当小偷，不是我当小偷，这是更大的好事。

当一个人的家里被小偷偷窃的时候，大多数人都感到这是一件不幸的事。而罗斯福却是个超乎寻常之人，他不但不生气、不丧气，而且还用文字郑重其事地向人表明自己对待小偷的三种态度，统称它为好事、大好事。这种为人处世的态度不能不令人敬佩。有人说，这是罗斯福生活上的乐观，其实，岂止是乐观，从他身上折射出的便是智慧，是对人生道路的一种正确的选择，更是对生活、社会的感恩心态。

对于大多数人来讲，面对这样的情况，很多人都逃不过情绪沮丧、思想悲观的掌控，甚至因为想不通而走上了绝路，弄得家破人亡，人财两空。或者说，当个人的财产遭受损失后，有些人抑制不住自己的情绪和脾气，不是埋怨家人，就是痛骂小偷，或者怨恨社会，大发牢骚，徒增烦恼，不少人还为此使身体患上严重的疾病，又花费了自己很多的钱，还要耽误工作，影响健康的生活。可是想想看，这样做又有什么用呢？既无助于解决任何问题，又容易使自己走人困惑，执迷不悟，步入歧途。总之，以上这些人的态度，既丢财，又伤身，还误事，实在不划算，都是不可取的。而罗斯福面对小偷的偷窃，却像若无其事，坦然处之，庆幸自己没被伤害，庆幸自己没被全部偷光，更滑稽的是还戏称自己不是小偷，表现出了极大的豁达和乐观的人生态度。除此，他还把它作为一种动力，从此更加努力地工作，更加努力地奋斗，反而做出了更加辉煌的成就。

我们从学生时代，就要培养自己的这种气度，培养自己这样的感恩心态，时时感恩社会给予我们的恩惠，而要忘记、宽容社会中暂时存在的一些不良因素，因为那些都不是社会的主流。我们要向罗斯福学习，他不仅对待小偷偷窃的态度豁达、乐观，对待整个人生也是如此。

罗斯福在39岁的时候患上了脊髓灰质炎病。这种病很难医治。很多人患上此病后，情绪都十分地悲观;而罗斯福却不是这样，他较以前更加乐观地生活，努力地工作，学习和奋斗照旧不误，而且把它作为对自己人生的一次考验和磨炼。更令人想不到的是，后来他竟以病残之当上了美国的总统，成了美国历史上最杰出的总统之一，深受大家的爱戴。

从罗斯福总统对待小偷的三种态度及他的成长经历说明，人生遇到挫折和困难甚至厄运并不可怕，可怕的是自己在精神上和人格上再遭受更大的损失及打击，经不起挫折、困难和厄运的碰撞，束手无策，没了志向，自认倒霉，甘愿失败。相反，如果自己拥有一颗感恩的心，对社会从不抱怨，反过来像罗斯福那样，把坏事视为好事，把压力变成动力，就会使自己卸掉包，减轻压力，飞黄腾达，大展宏图，成就卓著，令人羡慕不已。

我们应该感恩社会给予了我们那么多的便利，让我们享受着衣食住行的快乐，让我们能够在一个安定的环境中认真学习，毕竟其中的瑕疵是那样少，那样的不值一提。对于社会中的不愉快，我们应该宽容地谅解，而不应该抱怨不止，这样只会严重影响自己的学习和生活，并不会带来任何积极的效果。所以，感恩社会，就要学会宽容、不抱怨。

四、感恩社会，请帮助不幸的人

在这个快节奏的社会中，我们总习惯行色匆匆，忽视了身边的事和人。很多人会把相互之间的竞争看得很重，在学校中要争第一名、争三好生、争各种各样的荣誉，在社会上为名为利争得更加激烈。人们在这种种的竞争中忘记了去关怀身边需要帮助的人。我们从社会、父母、他人那里得到的太多，应该学会感恩，在匆忙之中驻足片刻给那些需要帮助的人送去关爱。

说实话，我以前也是属于这类庸庸碌碌、对生活失去敏感度的人，特别是在拥挤的街道上开车时，心里会无比烦闷。然而一次偶然事件改变了我的看法，那是我在街上目睹了一件事，顿时让我了解，在我这封闭的世界外，原来有这么广阔的一片天地。

那天我驾车去参加一个会议。当我开到一个交通繁忙的十字路口时，红灯突然转亮。我心想:“没关系，待会儿速度冲快点，就不会再碰到红灯。”就在我心浮气躁地加足马力，准备绿灯一亮就冲出去时，路旁一幅景象突然吸引了我的视线。一对双目失明的年轻夫妇准备穿越这个车辆川流不息的路口。先生挽着妻子的手，妻子胸前则背了个婴儿，他们拿着白色拐杖一步一步探着、小心翼翼地往前进。

刚刚看到这一幕时，我十分感动。在所有的残疾中，我总觉得失明是最不幸的。就在此时，我见到这家人偏离了人行道，往路口中心的方向走去，对面的来车随时会将他们撞倒，但他们对自己所处的危险境地却浑然不知。我坐在车上替他们捏了一把冷汗，万一哪个司机闪避不及。

但是，我见到了一幕令人不敢相信的情景：从四面八方开来的每辆车，都不约而同地停了下来。没有人按喇叭表示不耐烦，也没有人火冒三丈地大叫：“滚开，别挡路！”在这一刻，似乎一切都为这家人而静止。

我睁大眼睛看着身旁的其他车辆，发现里面的驾驶员也都瞪大眼睛看着这一家人。突然我右边的驾驶员将头探出车外，对他们大喊道：“往右走，往右走！”其他的人受了他的感染，也都跟着叫：“往右，往右！”

这家人开始一步一步地调整自己的方向，在拐杖的扶持和众人的指示下，最后终于平安无事地到达路口的另一边。这时，他们仍是紧紧地手牵着手。

我注意到这对夫妻脸上并没有那种惊魂未定的表情，可见他们并不知道刚才的情况有多危急。然而，像我一样目睹到这一幕的驾驶员们，却都如释重负般地松了一口气。显然所有的人都被这个偶然发生的事件所感动。平时大伙儿开车都是争先恐后，但遇到需要帮助的人，大家仍是会表现出人性善良的一面。我后来常回想起这件事，同时也从中领悟了许多。我得到的第一个启示便是“放慢脚步，关怀四周”。多抽点时间，仔细地瞧瞧身旁的人、事、物，也许你从某些细节里所得到的体会，能让你的人生全部改观。

由此，我领悟到的第二个启示就是，不管前方有多大的阻碍，只要我们坚定信心，信任正确的引导，就一定能达到预定的目标。

这对失明夫妻的目标只有一个，就是穿过路口，他们身旁却有川流不息的车辆。他们毫无畏惧及怀疑，一步一步地到达了街的对面，达到了目标。

其实，我们走在复杂的人生道路上，同样有相当多的困难艰险。如果我们能信任自己的直觉，并乐于接受“明眼人”的指导，自然能稳当地走到目的地。

我要感谢上天，它给我健康的双眼，而我却总认为这是理所当然的。试想，整日活在黑暗中是一种什么样的滋味？闭着眼穿越马路，心情该是何等慌张恐惧？我们常忘记自己在生活中拥有许多看似平常，却十分珍贵的天赋。

我们脑子里装的尽是排得密密麻麻的行程表，整日为工作烦心，还要被乌烟瘴气的交通搞得头顶冒烟，在这种情况下，我们几乎忘了身旁还有他人的存在。

哲人说：“在人生的旅途上，不要忘了驻足片刻，欣赏路边绽放的玫瑰。”朋友们，请暂停你的脚步，去帮助那些不幸的人。为他人，也为自己！

五、感恩社会，服务他人

社会为我们提供了成长的便利条件，我们当然也要利用自己的知识去回报社会、服务他人，这便是对社会最好的感恩。

“知是行之始，行是知之成”，这是明代大哲学家王阳明的一句名言。学生应该让自己的感恩意识及时化为行动，感恩社会就要从实际行动开始，从不起眼的小事做起，把感恩落实在自己的日常行动当中。比如，让学生多参加一些社会公益活动等，要让学生明白，感恩才是做人的根本，才是生活快乐的源泉，要让感恩成为一种习惯

其实，感恩不仅仅是物质上的，同时还包括情感上的。感恩不是要我们做什么惊天动地的大事，认真做好身边的每一件小事，对于学生来讲，已经是了不起的举动了。

社区公益活动、帮助困难的同学、去敬老院做义务工作，这些都可以是感恩社会的方式。我们在这些感恩活动中，既能够感觉到自己是社会大家庭中的一员，也能认识自己奉献、给予的义务。现在，有很多学校已经在学校附近的街头小巷不断进行感恩文化宣传，给敬老院送去温暖、主动清扫大街上的垃圾，逐步引导学生以实际行动进行感恩，让他们从自己的实际条件出发，为社会做力所能及的事情，逐步培养自己的社会责任意识。

孟子曰：“天下之本在国。”范仲曾在岳阳楼上感叹道：“先天下之忧而忧，后天下之乐而乐。”顾炎武更是提道：“天下兴亡，匹夫有责。”这样的言语数不胜数，他们无不是在用自己的实际行动来回馈社会、感恩社会。

作为学生，我们的力量现在还不是很大，我们对社会的感恩就是从小事做起。学会对他人的帮助说“谢谢”，给帮助过我们的人时不时地打个电话问候一下，以表我们的感恩之心，不要认为别人对自己的帮助是理所应当的。在自己受到帮助的同时，要主动帮助周边有困难的人，要学会关心、爱护他人，给社会上的困难者及时送去温暖。同时，还要时刻想着我们的社会和国家，如果没有它们就不会有我们的今天。对于公共设施我们应该尽力去保护，在公交车上应该及时给老、弱、病、残、孕让座。对于条件允许的同学，还可以主动资助社会上其他需要资助的人，这也是对社会的一种感恩。

感动中国的好心人丛飞，曾经帮助过一位残疾人顺利地完成了自己的大学学业，实现了自己的文学梦想。现在，他也像丛飞一样在资助着社会上需要帮助的困难儿童。曾以优异成绩考上北大的刘默涵，她的家庭非常困难，父亲在她 12 岁那年便撒手人寰，后来母亲又染上疾病。后来，在初中老师的帮助下，她重新鼓起了生活的勇气，在社会众多关心者的支持和帮助下，顺利地完成了学业。上学期间，她通过打工、筹款等多项措施，终于建立起了自己的“默涵助学金”，资助着几十个贫困儿童的学业。

一点点的火光便能照亮黑夜中的道路，就能让更多的人在光明中前行。我们是社会中的人，我们的一切都离不开社会的赠予，我们能够生活在这样一个和平的年代，离不开社会的恩惠。所以，我们理应回馈社会、感恩社会，做一个有责任感的社会人，

拥有一颗感恩的心去面对一切，它是构建和谐社会的基石。

感恩社会是在尽自己应尽的责任。亚里士多德说，人是社会的动物。人不能独立地活着，总会因为种种原因与自己以外的人发生着各种各样的关系。而这种建立在“自我”基础上的关系，只能有一个主题：人要为自己但不能只为了自己；自爱的群落如果只有狭隘和自私，也就等于没有爱，仅有爱的生命意识不是完全的生命意识，完全的生命意识应该是感恩生活、感恩社会、感恩一切需要感恩的人。

在社会中，每个人都肩负着一种责任。对工作、对家庭、对亲人、对朋友，我们都有一定的责任，正因为存在这样或那样的责任，才能对自己的行为有所约束。感恩意识和责任感，在这个社会上是相互影响的、相互推动的。我们要学会感恩，在感恩中去对待周围的人和事，因为接受恩惠而感恩，所以应该更加负责，因为更加负责、更加努力地去改善我们身边的一切，从而使身边的人感受因为我们负责而带来的结果。这样，他们也会投入到“感恩——负责任——感恩”这样的循环中来。

香港富豪、著名爱国企业家、已故的全国政协副主席霍英东先生致富不忘回报社会，数十年来为祖国的医疗卫生、体育和教育事业捐赠达40亿港元。他用自己的实际行动兑现了回报社会、感恩社会的诺言。

但令人遗憾的是，现实社会中总会有一些不懂得感恩社会、不想回报的人。成都有一位叫张明星的退休职工，家有务农老伴，每月仅拿500元的退休金，但他却在承包某重点中学食堂的6年里，为80多位贫困生提供了总额超过8万元的免费餐，帮助他们顺利完成学业，其中77位考上大学。这本是一曲抒写人间真情的赞歌，但结果却令人心酸。在接受张老免费餐直到毕业的80多位学生中，竟没有一个人向老人表示过任何形式的谢意，更令人难以置信的是，考上大学的同学竟没有一个人记得张爷爷。在记者的再三提示下，他们才渐渐地“恢复了记忆”。是什么原因使这些有足够的智商考上大学的孩子竟发生了如此叫人匪夷所思的“失忆”？这难道不是我们社会的悲哀吗?

作为学生，我们更应该在学生时代就开始培养自己的感恩之心，只有这样，在踏上社会之后，才能够做社会的有用之人。

生活中还有这样一些人，或整天念念不平，或感怀才不遇，或处处斤斤计较，这些人的心态之所以如此偏颇、失衡，原因在于他们总以自我为中心，以私利为目标，在自我与社会的天平上，总是想着从社会上得到什么，而很少想到自己应该给社会奉献什么。校正这种失衡心态的有效良方就是培育一颗感恩的心，时时牢记社会给予自己的关爱，常常想到他人给予自己的恩惠，从而产生报答社会、报答他人之情，激发牺牲奉献精神和助人为乐的情怀。一个怀抱感恩之心的人，必定是一个和谐善良的人。一个涌动感恩之情的社会，必定是一个温馨和谐的社会。

第六节　感恩自己

懂得感恩绝对是好事，但千万别忘了你自己，你有没有认真地感谢过你自己呢？其实，全世界最值得感谢的就是你自己，以及你身上为你工作的每一个细胞，细胞们全心仰望着你这位主人，你的思想情绪就是它们工作的最高指导原则。只要你的想法健康、情绪稳定，细胞们就跟着健康稳定，运作如常，你就能拥有健康的身体，经营顺畅的人生！我们的身体就像是一座金字塔，每个人都是自己身体金字塔的主人，你有没有经常往内看看自己身上的每一颗细胞？它们日夜努力地工作，让我们体内能够正常运作，我们可以好好吃东西，好好消化排泄，心脏能够跳动，肝脏可以排毒，每天可以“好好活着”，全是体内这些细胞拼命工作，甚至牺牲自己换来的。

你用什么心态看待细胞，细胞就用什么心态响应你，我们应该时时感谢自己身上的每个细胞，这些细胞从你出生到现在，无怨无悔地为你付出，负责帮你消化食物，排泄废物，汲取你吸入的空气中的养分，做最妥善适切的利用，一路陪你走了数十年，请对自己全身上下、从头到脚的细胞表达感激之意。唯有深刻体认到维系这座身体金字塔的运作，需要每个细胞不眠不休地付出多少心血，你才能从心里感谢这些细胞无悔的努力。请对全身细胞表达感恩之意，用一颗感恩的心，重新唤起全身细胞的活力，让它们全力为你服务。

如果你不能先感谢自己，就无法感谢世上任何人，因此首先你要感谢自己投生到地球，成为某对父母的儿子、女儿，成为某些人的兄弟姐妹、同学朋友、同事长官，然后成为某个孩子的父亲与母亲。深深地感谢自己愿意来到地球旅游、出差、学习、考察兼玩耍，完成灵魂赋予的重任。

请你记得，你不只是你，你还是亿万个细胞的主人，你身上的细胞个个都仰望着你，殷殷期盼你带给它们生命的意义与欢笑，请常对你的细胞们说：“我最亲爱、最可爱的细胞们，感谢你们无时无刻与我同在。我会重视你们的感受，我会少量多餐，不再造成你们消化的负担；我会分段睡眠，随时为你们补充能量；我会努力在人生当中，创造生命的价值和意义，让你们对我的付出永远值得！”

我们在“互相感恩”的模式中悠游自在，赛斯所谓的“恩宠状态”就是一种感恩的状态，也就是你与周遭的人都能相互感恩。人生当中应建立许多相互感恩的关系，一个人如果能时时处于这种感恩的状态，也会经营出愉快的人生。每对夫妻都有过甜蜜恩爱的时光，都曾经善待彼此、互相扶持过，即使后来不幸分道扬镳，也当记得曾经有过的美好。因为人生难免有遗憾，别让遗憾掩盖幸福的光芒。父母和子女之间亦复如此。

不管你在人生当中付出了多少，是多到无以累加，或至少曾经付出你希不希望得到别人的感激呢？如果你能成为一个经常感谢他人的人，让这份感恩不仅表现在言语行为上，更能内化成一种心态，并且经常让自己处于这种感恩的状态中，你一定会比较健康、比较快乐，更能让周遭的亲朋好友觉得自己的付出有了价值！

大自然纵然有天灾发生，一天到晚难免有台风地震侵扰，但如果没有大自然的存在，又何来温暖的阳光、清新的空气、洁净的饮水润泽大地，进而长出作物滋养人类呢？这一切当然值得感谢，懂得感恩，我们的视野和心境就会变得不一样。

内心经常充满感恩的能量，那么你的生命一定会转变。生活当中不知有多少可以表达感恩的机会，我真心希望每位读者在人生当中，减少抱怨的时间，把握这样的机会，不断感谢别人对你的付出。只要你懂得感恩，宇宙便会回应你更丰盛的福报。

如果你和周遭的人能建立这种“相互感恩”的模式，生命当然就会变得不一样。让我们身体力行，开口表达对这个世界的感激，放下计较与抱怨，常怀感恩的心，在感谢别人的同时，也让自己成为别人感谢的对象，你将会发现人生越来越顺利，生命越来越有趣！

第四章　感恩教育

第一节　感恩教育与德育

一、感恩教育应是高校德育的重要内容

感恩并非是与生俱来的天性，它需要点拨和引导，要通过教育来促使人们形成一种感恩的心态、品德和责任，进而外化为感恩的行为。因此，感恩教育就是教育者运用一定的教育手段和方法，对受教育者有目的、有步骤地实施的识恩、知恩、感恩、报恩以至于施恩的人文教育。以培养、提高大学生道德情操、修养品质和思想政治素质为己任的高校德育课程，理应将感恩意识作为其重要内容对大学生进行教育。审视目前高校的道德教育工作，摆在面前的问题不容乐观。主要表现在：高校德育没有落到实处；德育工作投入未产生相应的效果，甚至产生副作用；德育要求未能有效地内化为学生的品德素质，出现学生品行形成障碍或发展偏差，诸如知行脱节、表里不一、自我中心、人际冷漠、价值迷失、理想缺乏等。感恩教育就是以培养学生道德需要、实现德育向生活世界回归为切入点，教会学生懂得与人和睦相处，学会关心人、帮助人、尊重人，正确处理彼此之间的利益冲突，理解并掌握人际关系中包含的道德原则，通过感恩教育实现德育向现实世界的回归，来进一步提高德育的实效性。但是有什么样的教育就会培养出什么样的学生，感恩教育的缺失自然导致学生感恩意识的缺失，进而也不会发生感恩行为。高校德育中感恩教育被忽视的一个重要原因是，受社会功利化的影响，

高校教育出现重智轻德、重知识技能轻人文修养的现象，就是高校对学生进行思想道德教育时也只是强调了对大学生进行思想教育和政治教育，而忽视道德教育，特别是感恩教育的培养，这是高等教育的误区。随我国社会主义市场经济的发展，高等教育必须树立全新的人才质量观，要“重才重德”，努力培养具有较高的思想道德水平、适应时代发展要求的大学生。让“传道授业解惑”教育、让探索式教育、让主体创新的教育得以安然地坐落在情感教育、传统美德教育的扎实根基上，让学生既成才又成

人。这就要求大学转变教育观念，注重对学生进行思想道德教育，不但要有崇高的道德理想教育，也要有基本的感恩道德修养教育。作为德育一分子的感恩教育也理应得到关注，因为不会感恩的人，不可能是志存高远、无私奉献、具有远大理想的人。

对高校感恩教育而言，既是大学生和谐发展的需要，对于塑造大学生健康向上的思想道德素质有不可忽视的积极作用，同时，也是构建和谐校园与和谐社会的需要。研究高校感恩教育还可以丰富和发展高校道德、感恩教育的有关理论，有助于改变高校感恩教育不正常的现状，提高高校德育的水平和效能。感恩教育是高校德育工作的一项重要内容，开展感恩教育符合高校德育有效性的需要。对大学生感恩教育进行研究可以探索对大学生进行感恩教育的课程设置、方法创新与途径拓展，解决大学生感恩意识淡薄、感恩缺失的突出问题，帮助高校德育工作者搞好高校的感恩教育和德育工作，为高校德育实践提供重要依据，促进高校德育的实效性。

感恩教育是大学生思想政治教育的一个基点。加强当今大学生的感恩教育，绝不是简单地培养一种回报父母养育之恩的感恩意识，它更是一种责任意识、自尊意识和健全人格的培养，是追求一种人生成就的精神境界。加强大学生的感恩教育是高校教育工作者在新时期思想政治教育的必然要求，也是培养大学生健康心理和健全人格的必然路径，对于建设和谐校园、和谐社会同样也具有独特而不可替代的作用。

二、在德育课中加强感恩教育的途径

感恩的前提是识恩、知恩。所以，感恩教育应首先让学生认识到他们所获得的一切并非是天经地义、理所当然的。所以在课程教学上教师要积极渗透感恩思想，使学生体会到祖国的博大胸怀、社会的给人帮助、集体的凝聚力量、父母的无私奉献等，认识到个人的成长离不开社会和他人的帮助，从而形成正确的感恩意识，进行积极的感恩行为，实现自身的个体价值和社会价值，以整体提高大学生的综合素质，引导全社会来关注感恩教育。重视和加强对大学生的感恩教育对于增强高校思想政治工作的实效性有着重要的意义，同时能培养学生更好地服务于社会主义现代化事业。笔者认为，加强培养高校学生的感恩意识，可以从以下几个方面着手：

第一，重视课堂教学。课堂教学是高校教育的主要途径，也是高校感恩教育的主要渠道，必须受到应有的重视。高校应通过各种方式加强感恩教育的课堂教学，以传授理性的感恩知识为基础，提高学生的感恩认知能力，培养学生的感恩情感。教学过程中教师对感恩的理论内容、经验知识准确、深刻的全面理解和系统地讲解，会成为学生获得感恩知识和形成感恩意识的重要指导力量。在“两课”教育体系中没有设立专门的感恩教育课程的情况下，在《大学生思想道德修养和法律基础》课上，可以挖掘典型的人物或典型的事例，联系现实生活，让学生认识自我，感悟与他人、与社会、与自然的和谐关系，陶冶学生的感恩情怀。在《马克思主义理论》课上，利用马克思主义经典作家的丰厚资源，加强世界观、人生观和价值观教育，提升学生的理论水平和道德水平，不断引导学生树立为社会做贡献的理想和信念，让学生真切地认识到感恩的价值所在。

第二，积极创设校园感恩文化。在进行传统文化教育的基础上，可以积极创设独特的校园感恩文化，营造浓厚的感恩教育氛围。一是可以设立校园“感恩节”。大学时代是培养青年学生形成世界观、人生观、价值观的重要时期。通过设立“感恩节”，是要使大学生认识到自己作为社会的一员对于全人类的责任，提升他们的思想素质，教育他们懂得奉献与索取、施恩与受恩之间的辩证关系，培养他们高尚的感恩情感。引导大学生通过反思，发现别人的优点；加强自律，学会对帮助过自己的人心存感激，对于培育学生的健康心态、健全人格必将起到积极的促进作用。二是开展系统地感恩教育活动，营造浓厚的感恩教育氛围。如开展以“感恩、自强、奋进、成才”“感恩老师”“感恩母校”“感恩国家助学贷款”等系列主题活动，让学生时时感受到感恩文化的熏陶，感受到自己的责任，使学生们认识到，除了要感恩父母，还要感恩母校、老师和同学，感恩社会和国家。

第三，建立感恩教育实践活动的保障机制。必须要通过形式多样、主题鲜明的感恩教育实践活动来实现、确保高校感恩教育的实效。作为高校各项学生校园文化活动和社会实践活动的组织单位，各级团组织有责任保证各项感恩教育实践活动的正常进行。要做到这一点首先要有精干的组织人员和充足的活动经费；其次要对各项主题活动精心设计，这也是确保活动实效的重要条件。例如，可以组织全校受国家资助、贷款的学生参加形式多样的感恩高校和社会的活动，如组织志愿服务队进社区为居民修家用电器、免费测量血压等。

第四，应将高校教育和家庭教育相结合。高校作为德育的主渠道，应充分发挥作用。但仅靠高校自身的力量是远远不够的，高校还应积极主动与家长取得联系，让广大学生家长参与到学生的感恩教育中来，以形成协调一致的教育网络。只有全社会振起一股感恩教育的热潮形成全员育人的良好局面，高校的感恩教育才会取得实效。

在从以上方面培养大学生感恩意识的过程中，应该充分尊重和发挥学生的主体性地位，以体验式教学为主。学生的道德实践能力并非由抽象的知识转化而来，而是主要来自对生活的体验。从感恩的发生意义上讲，只有当人从内心体验到某种价值，产生认同、敬畏、信任的情感，或产生拒绝、厌恶、羞愧的情感时，才谈得上感恩学习和感恩教育的实存性。体验是主体与外部世界发生关联并生成反思与感悟的认识、实践活动。体验可以使学生对感恩产生切己的理解和领悟。体验使感恩教育与学生个体发生现实的关联。学生在现实的情境中，通过自身体悟、自主选择、判断、反思、真正使感恩教育达到个体化，产生影响，逐步形成个人的心理品质。

三、有利于构建和谐校园

开展感恩教育符合高校德育建设的需要，也是促使青年健康成长的需要，对于塑造大学生健康的身心素质有不可替代的积极作用。同时，开展感恩教育对于构建和谐校园与和谐社会有着重要的推动与支撑作用。

（一）感恩教育有助于提高德育实效，实现德育目标

在德育教学过程中，教师引导学生对自然心存感恩，懂得人与自然息息相关，可以培养学生的环保意识，与自然和谐相处；对社会心存感恩，了解人与社会密不可分，可以培养学生的集体主义意识，增强对社会的责任感；对他人的关心帮助心存感恩，领悟人与人之间关爱的真谛，可以培养学生良好的人际交往素质与团队合作意识。

（二）感恩心态是健康心态的重要组成部分

培育懂得感恩的健康心态，有助于调整心理状态，保持心理平衡，积极快乐地面对生活。懂得感恩，对个人、他人和社会都是一种财富。

（三）感恩教育对构建和谐校园有着积极的意义

和谐校园是一种以和衷共济、内和外顺、协调发展为核心的校园文化状态，是以校园为纽带的各种教育要素全面、自由、协调和整体优化的育人氛围。感恩教育贯穿于各教育领域之中，必将对和谐校园的建设产生积极意义。

（四）感恩教育有助于传承传统美德

中国文化处处可见感恩之光。在我国的传统文化中，“滴水之恩，当涌泉相报”“知恩图报”“知恩不报非君子”的古训妇孺皆知，而且一直延续传承到今天。儒家文化极其强调“感恩”美德的培养，这说明，传统文化认同“感恩”，感恩是社会人都应该遵从的基本道德，也是做人的起码修养。重建“感恩教育”，是人性的需要与回归，也是传统文化与现代文化的对接和传承。1952年，爱因斯坦为《纽约时报》撰文时写道：“（仅仅）用专业知识教育人是不够的。通过专业教育，他可以成为一种有用的机器，但是不能成为一个和谐发展的人……他必须获得对美和道德上的鲜明的辨别力。否则，他连同他的专业知识就更像一只受过很好训练的狗，而不像一个和谐发展的人。”感恩教育有助于唤起大学生的感恩心，融化他们的冷漠心、自我心和自私心，培养他们感恩图报、乐于助人、乐善好施的良好品性和与人为善、宽容豁达的胸襟气度；有助于大学生内省自察，体谅父母的艰辛和他人的善意，体会社会的恩惠和自然的恩赐，增进人情味和社会责任感，促进内心的祥和宁静。

四、如何开展感恩教育

感恩教育是德育的一个组成部分，应纳入高校的大德育体系中。2005 年 8 月，上海市新版《中学生守则》第 6 条率先增加了“学会感恩”的内容。小学教育中也加入了感恩教育的内容，譬如回家给爸爸妈妈倒一杯水，为家长做点力所能及的事等。高校学生工作部门在开展思想教育的过程中，也应增加这一内容。实践证明，在德育工作中注入感恩的内容，会取得意想不到的效果。感恩教育应贯穿和伴随我们每个人的一生。

（一）教育学生“知恩图报”

1. 重点培养学生的报恩情感

现代心理学认为，一个人对世界、对人生有怎样的认识，便会有怎样的生活方式和行为准则。识恩、知恩是感恩的前提。所以，首先启发学生识恩、知恩，让学生认识到他们所获得的一切并非是天经地义、理所当然的。父母的养育、师长的教诲、他人的帮助，乃至于大自然的鸟语花香、旭日皓月，这一切，都应视为“恩情”。在此前提下，方知感恩，懂得感恩。一个自私自利的人，心里装的全是自己，那就不可能知恩、也不可能感恩。所以感恩教育重要的一点是要让学生认识到别人为自己付出的一切并非天经地义、理所当然的。应该让他们知道，无论是父母给予他们生命，老师教给他们知识，还是朋友赐予他们友情以及社会给予他们的帮助，这一切都是“恩情”，应该满怀深情地去感知，去回报。亦或是一声简单的道谢声也能给予施恩者带来愉悦的心情。所以，报答当从感谢做起，不仅是语言上的感谢，还可以我们力所能及的小事情来表达我们的回谢。诚如美国伟大的哲学家、心理学家詹姆斯所言：“人性最深的期盼就是受人感激。”这一点在丛飞事件中得到深刻的体现。

2. 教育学生施恩不图报

施恩不图报是感恩教育的深化和外延。一个人不仅应当知恩图报，还应当抱着怜悯、慈悲、宽容的心态去帮助身边那些需要帮助的人。施恩是人的高级情感的需要，更是社会文明的表现。一捧玫瑰送别人，余香留手中，馈赠以人，快乐自己。当“施恩不图报”形成一种社会风气时，人的良知将会彰显，境界将会升华，道德将会完善，生命将会灿烂，最终，我们的社会将会更加和谐。

（二）寓感恩教育于大德育体系中

感恩教育有别于其他教育，感恩教育的主要的途径在于日常。因而，社会、学校、家庭都应培植“感恩”的土壤和氛围。世界上最能打动人的是感情，最能温暖人的也是感情。应该在感恩教育中把最温暖的东西呼唤出来，我们提倡用情感的触觉深入人的心灵深处，用感情本身来感化和温暖那些冰冷和麻木的心灵。

1. 重视潜移默化在德育中的作用

感恩教育是一种情感教育，只有充分重视情感的渗透和移入，才能取得成效。学生辅导员是基层德育工作者，他们年轻活跃，情感丰富，应该以自身的仁爱之心与感恩情怀贴近学生的生活和实际，与学生进行心与心的交流、灵魂与灵魂的对话。在感恩教育方面有意识地给予学生启发和引导，彼此共享感悟与心得，共同促进，共同提高。

2. 针对性地开展系列主题活动，重建缺失已久的感恩教育

高校的学生工作应丰富多彩，灵活多样。教育内容紧贴时代的特点，有侧重、有针对性地开展系列的感恩主题活动，用活动多样性和丰富性来达到强化教育的自的和效果如邀请成功校友和校友的家人，开展“感谢身边的人”“感恩母校、回报社会”等主题活动；设立有意义的“感恩家人”或“感恩一日”“今天为母亲做什么？”等感恩教育日；开展“爱心送温暖”等活动。通过这些活动，培养学生知恩、报恩的道德情操和施恩不图报的高尚美德。

3. 在助学工作中开展感恩教育

高校的经济困难学生数量不少，政府加大投入，通过多种方式与渠道资助困难学生，不让一个困难学生学。这些充满了人情味的助学政策和措施无不体现了政府对大学生的重视和关爱，不可不谓“恩”，不可不谓“情”，不可不铭记，不可不回报。

（三）建立长效机制

感恩教育不是一朝一夕之事，也不能追求一天一日之功，一定要建立长效机制。首先，从组织上保证，学校应有相应的负责机构；其次，从制度上落实，建立相关的规章制度，尤其是激励机制。把学生的感恩情况和这方面取得的绩效作为本人综合考评的重要依据。

第二节 感恩教育的实施路径

一、实现感恩教育的有效路径

感恩教育是系统性极强的教育工程，想要取得实际的效果，就必须拓宽感恩教育的途径。需要从家庭引导、学校培育、社会熏陶以及自我完善等方面来形成感恩教育

的教学合力，实现感恩教育的教学效果。

（一）家庭引导是感恩教育的基点

家庭承担着教育下一代的重任，是学校培训和社会熏陶的基础。父母作为家庭教育的主角，是子女的第一任启蒙教师，父母的言行举止对子女的成长起着引导、示范等作用。因此，家庭引导教育是展开青少年感恩教育的重要的基点。孔子说过："其身正，不令而行。"著名的文学家列夫托尔斯泰也曾说过：教育孩子的过程也是教育自己的过程，以父母引导为主的家庭教育是最具影响力的教育方式。因此，父母是实现青少年感恩教育最直接的教育方式，只有父母成为心怀感恩的人，才能以身作则，依靠榜样的力量，潜移默化地引导子女形成感恩意识。青少年的模仿能力相对较强，是非对错的判定能力相对较弱。由于青少年在生活中对父母的依赖性较强，致使父母的言行举止也成了子女模仿学习的参照系。因此，在日常的家庭生活当中，父母要将家庭生活实际作为实行感恩教育的教学资源，采用家庭课堂的方式，将家庭的责任和义务共同承担起来，对自己的父母、长辈、朋友心怀感恩，孝敬父母、尊敬长辈、尊重朋友，扮演好自己的社会角色和所承担的责任，形成和谐美好的家庭感恩氛围。

家庭教育不能仅仅停留在对子女感恩意识的培养层面，还应落实到具体的感恩实践行动当中，尊重子女的思维意识和独立人格，将感恩意识付诸行动，尤其是对子女独立意识和劳动意识的培养，避免形成过分依赖父母的现象。父母可以带领子女多参加一些志愿者服务活动或社会公益活动，使子女在帮助他人的同时形成施恩的情怀。父母还需要与教师进行及时的沟通与联系，建立起学校、家庭互动平台，对子女的在校表现情况、学习情况等进行及时的了解，综合家庭与学校两方的力量，更有针对性地展开家庭感恩教育。家庭感恩教育的内容不能局限在"孝悌"当中，其教育内容应拓展到感恩学校、感恩师长以及感恩同学等，引导学生向教师、同学表达自己的感恩之情。父母也要多以朋友的姿态和子女进行沟通与交流，言传身教，对子女的善意行为、良好表现进行表扬和夸奖，引导子女形成感恩意识，并内化成为高尚的道德品质。

（二）学校培育是感恩教育的核心

学校是实现感恩教育的主阵地，青少年思想观念的建立与形成都需要通过学校教育来实现，教学内容、教学方法、校园氛围、教育评价体系等都是实现感恩教育的关键因素。感恩教育是系统化的道德教学，只有在德育教学当中完善感恩教育内容，才能使感恩教育科学有序地展开，从而引导青少年明确感恩的重要性，形成相应的感恩价值观。教师对感恩教育课堂的教学方法进行拓展能够得到更好的教学效果。首先，教师要对课堂感恩教学内容进行深度挖掘，尤其是在思想道德修养方面，要将隐性的感恩教育内容进行分层挖掘，结合教学内容和生活实际适度地进行感恩教育，熏陶学生的感恩情怀，形成感恩文化。其次，采用情境教育的方式，使青少年在真实的情感体验中感悟源自生命本真的情感。情境教学需要教师结合社会、学校以及家庭等校内外资源创设出感恩社会、学校、家庭等师生互动情境，引起青少年产生情感上的共鸣。最后，将感恩教育与实践教育相结合，使青少年将感性的认知转化为理性的认知。社会实践是锻炼和检验青少年人格的有效途径，参加义务劳动、深入社区活动、到山区支教等活动都是青少年践行感恩教育的重要方式。

良好的校园氛围能够实现“润物无声”的教育效果，陶冶青少年的感恩意识和感恩情怀。教师作为教学的主体，其言行举止都能够成为青少年学习的榜样。因此，教师要严格要求自己，以自身的言行引导青少年。感恩教学主题活动对形成校园感恩氛围和感恩文化具有促进作用。内容丰富、种类繁多的感恩校园活动不仅能够增强青少年的感恩意识和责任意识，更能帮助学生形成高尚的道德情怀。譬如感恩演讲活动、感恩主题征文以及组织爱心基金会等。物理环境、人文环境以及地理环境等作为校园教学环境当中的重要内容，属于校园精神文化环境建设和校园物质文化建设的组成部分，青少年“浸润”在这些环境当中，对青少年的成长会带来潜移默化的影响。因此，应加强对校园精神文化的建设与校园物质文化的建设，结合校园培养目标和感恩文化建设高尚风雅的校园氛围。

分数是传统道德教学评价体系的唯一标准，导致道德教育偏离了教学的本质，难以将青少年的道德素养完全体现出来。因此，学校必须建立起科学的感恩教学评价体系，联合家长对青少年的家庭感恩表现和学校感恩表现进行全方位、综合化的评价，推行素质教育的评价标准，将青少年的综合表现记录在评价体系当中，改变传统重分数的教学评价模式。

（三）社会熏陶是感恩教育的实践地

社会是最真实的教学课堂，将百态人生包罗其中。社会风气、社会事件和社会舆论等社会环境所传递的社会信息都会对青少年的价值观产生不同程度的影响。青少年在学校和家庭当中所学习到教育知识最终都需要付诸到社会当中，来实现自身价值与社会价值。因此，青少年感恩教育的效果需要通过其社会表现来进行检验。当前是一个信息爆炸的时代，青少年可以通过各类传媒手段来获取社会信息，通过广播、电视、网络等媒介来传播感恩教育，能够营造积极的社会文化环境，是引导社会舆论风向和感恩社会风尚的重要途径与教育方式。媒介可以对社会当中忘恩负义、冷漠无情的社会时事进行公正的批判，对知恩图报等事件进行表扬与肯定，引导青少年在社会认知中形成感恩情怀。宣传部门和出版部门也应形成专业的感恩教育团队，以感恩为题材定时的出版一些感恩读物，结合媒介优势开设感恩教育网站来引起青少年的广泛关注。

社会既是一个教学的平台，又是一个人生的舞台。这一舞台吸纳了很多观众，青少年作为其中的一员，拥有着强烈的好奇心和求知欲，容易被社会大舞台当中的其他事务所吸引。因此，社会当中所举办的感恩教育活动很容易使青少年投入社会感恩实践当中，将青少年所学习的课堂知识落实社会现实当中，丰富其人生阅历。此外，青少年的观察意识和模仿能力相对较强，容易受到社会环境当中的经济诱惑和不正之风的影响，为实施青少年的感恩教育带来了负面影响。因此，社会有责任也有义务开展继续教育的方式来纠正问题青年的行为和品德，更好地实现青少年的感恩教育，提高青少年的综合素质。

感恩作为社会道德当中的重要内容，通过教育来引导青少年自觉遵守当前的道德规范，属于个人意识范畴，缺失了外在的社会机制和制度保障，感恩教育的效果也会大打折扣。通过法制建设将普遍性的感恩规范和热点问题上升到法律制度层面，以其强制力的法律规章制度和社会机制来约束青少年的行为。对社会当中伤害人民利益而忘恩的违法行为进行严惩，以儆效尤，减少同类事件的发生。同时，也要建立起相应的感恩激励机制，对社会当中的见义勇为者、乐于助人者等给予精神和物质上的双层激励，形成良好的社会风气。

（四）自我完善是感恩教育的根基

青少年是感恩教学的学习主体，青少年的自我完善意识是展开感恩教育的根基和落脚点。人的认识具有重要的行为导向作用，提高青少年的感恩意识和感恩认识是培养青少年道德品质的第一步。将社会发展的基本规律、正确的价值观和辩证唯物主义等作为青少年学习感恩知识的伦理要义，在此基础上向时代榜样和身边的先进人物学习，反省自身存在的不足和缺陷，见贤思齐，进行自我修养和自我完善。礼记当中提到了“慎独”一词，强调人类作为道德的主体，即使在无人监督的情况下，也要保持高度的自觉,进行自律。这就要求青少年要严格地使用道德规范来约束自己,做到“慎独”，经常对自己的言行举止进行检查，对自己的过错、得失进行深入的思考，实现自发到自觉、自觉到自律的改变。同时，青少年也要积极地投入到当前的社会实践当中，比如爱心志愿者服务、社区救助服务等活动，使青少年将自身的感恩情怀融入这些社会实践，积极主动地施恩，寻找感恩教学理论与社会实际需求之间的契合点，并将其内化为更加高尚的道德品质和感恩情操，以更好地融入社会。

二、认知层面——传承感恩文化，提高道德认知

“知恩”是感恩的前提和基础，教育者应该从认知感恩这一层面出发，并以此为重点，教育大学生学习儒家优秀的感恩传统，传承感恩文化，并进一步引导大学生树立正确的感恩价值观，提高道德认知。

（一）学习儒家优秀的感恩传统，传承感恩文化

自古至今，儒家文化是中国传统文化的核心，孕育着丰富的人文精神，其中也包含着感恩文化的相关内容。为此我们应该本着“弃其糟粕，取其精华”的态度吸取有价值的成分。当然，大学生感恩教育在借鉴儒家优秀感恩传统的同时，还应该与新时代的感恩意识相联系，并以体现时代精神的社会主义核心价值体系为基础，从而辩证地、与时俱进地传承优秀的儒家感恩传统。在感恩教育实践中，教育者应当把知识传授与感恩认知紧密结合起来，不只是把感恩教育只限于口头说教，要十分重视评价大学生之间的感恩价值。当然，有效地进行感恩教育，除了重视大学生之间的感恩价值，也要重视对历史上的感恩人物、感恩事件的评价，以及老师对学生的评价、学生对老师的评价等，这样才能更好地传承感恩文化。大学生学习儒家优秀的感恩传统，应该有意识地促进自身的情感由消极方面走向积极方面。在感恩教育过程中，教育者应该促进受教育者的情感由低层次向高层次转化，这是儒家思想中的由里及外、推己及人的情感类推法。大学生应当感恩对自己有恩情的人，懂得识恩、知恩、施恩、报恩。孔子指出：“唯仁者能好人，能恶人。”一个人如果对父母朋友、他人、社会乃至道德规范心存敬意、心怀感恩，那么此时的感恩情感就能上升到更高层次。实际上，大学生感恩教育的过程就是传承感恩文化的过程。大学生学习儒家优秀的感恩传统，应该有意识培养自己拥有一颗感恩的心。怀有感恩心态的大学生更容易进入职场，爱岗敬业，恪尽职守。大学生的就业不是一帆风顺的，会面临很多坎坷和困难，但是对于心存感恩、勇于面对现实的大学生而言，可能会遇到更大的机遇从而找到自己人生中的航帆，勇往直前。学习儒家优秀的感恩传统是传承感恩文化的有效途径，只有汲取儒家优秀感恩传统中的精华，才能恰当有效地进行大学生感恩教育。

（二）树立正确的感恩价值观，提高道德认知

“大学生感恩价值观教育是人生价值观教育一部分，人生价值观教育又是人生观教育的一部分，人生观是指人们在实践中形成的对于人生目的和意义的根本看法和总的态度。”从高校德育出发，感恩价值观是大学生的精神支柱，感恩价值观教育是人生观教育的深层次问题。《中共中央关于进一步加强和改进学校德育工作的若干意见》旨在引导大学生逐步树立正确的价值观，也在新形势下提出了高校德育工作的更高要求。同时，加强大学生感恩价值观教育更是高校的一项重要任务。大学生的感恩价值观，是大学生在高校学习生活中对各种事物、现象进行评价、判断的基本价值观。感恩价值观支配、影响着大学生学习、生活等各个方面，在同一客观条件下，具有不同感恩价值观的人会产生不同的行为，对待老师教诲、同学帮助的态度也是不一样的。在感恩教育过程中，大学生不仅要培养积极的感恩心态，而且要确立正确的感恩方式。

1. 培养积极的感恩心态

大学生接受高等教育，成长成才离不开学校的培育、老师的教诲、同学的帮扶、社会的支持等。大学生一定要有一颗积极的感恩心态。培养积极的感恩心态是大学生形成正确感恩价值观的核心，通过培养积极的感恩心态，有助于提高大学生的道德认知。

2. 确立正确的感恩方式

感恩并不是用金钱、物质、利益等简单地等量交换的一种方式。在大学生活学习当中存在一些不正当的感恩方式，例如出现哥们义气、帮助考试舞等，这些方式不仅不能达到感恩的目的，还有可能会造成自身大学生活的遗憾。大学生应该选择正确的方式来感恩，例如帮助同学让其自己完成学业、调节化解同学之间的矛盾等。因此，只有确立了正确的感恩方式，才能真正提高大学生的道德认知。正确的感恩方式有助于大学生感恩价值观的树立，树立正确的感恩价值观是提高道德认知的重要内容与途径。大学生只有树立正确的感恩价值观，才能做到怀感恩之心、践感恩之行。

综上所述，有效地进行大学生感恩教育，培养大学生的感恩行为，必须先学习儒家优秀的感恩传统，传播感恩文化，以便树立正确的感恩价值观，提高其道德认知，从而更好地培养其感恩意识。

三、情感方面——创建感恩氛围，激发感恩情感

“一定的品德认识转化为相应的品德行为，必须经过品德情感、品德信念、品德意志这三个要素的催化作用，因而思想品德的形成过程实际上是在一定外界环境条件的影响下人们内在的知、情、信、意、行诸要素辩证运动、均衡发展的过程。”大学生感恩教育从情感层面上说是情与信的辩证运动，教育者要率先垂范并且营造良好的校园文化氛围。

（一）教育者要率先垂范，加强情感引导和交流

大学生感恩情感是指大学生对周边客观事物能否产生感激、感动的心理。大学生感恩情感属于思想品德情感，是大学生在客观的思想道德关系中表现出来的一种爱憎好恶的态度。感恩能够激发亲社会性互惠，并且确实被理解为是一种存在于“互惠性利他主义之下的首要的心理机制。”事实上，感恩情感可以分为正向情感和负向情感两种。你对我好，我就对你存在感激之情，这属于正向情感；你对我不好，我就会产生怨恨之情，这属于负向情感。因此，教育者在感恩教育过程中扮演着重要角色，承担着对大学生感恩情感的指引、体验与内化的任务。

1. 大学生感恩情感的指引

教育者要组织各式各样的校园感恩活动，以“师生情、同学情”为切入点，把中

华优秀的传统美德同富有人性的情感教育融入感恩教育过程中。例如，可以让同学们通过诉说相互的感恩故事、开展感恩诗歌朗诵、举办感恩讲座等。感恩活动中的情境为感恩情感内化打下良好的情感基调。

2. 大学生感恩情感的体验

教育者对于可以实施的感恩活动，要安排好时间，找准体验点，激起大学生多次而有序的体验。福建师范大学通过微博在全校招募换岗体验志愿者，举办校园感恩活动，组织 20 名大学生开展“校园感恩工人行”活动，让他们当一天环卫工人。大学生只有对学校组织的感恩活动产生了相应的感恩情感体验，才能理解和感悟这些感恩意义和价值。其实，这种感恩情感体验的过程就是感恩德行生成的过程。

3. 大学生感恩情感的内化

大学生感恩情感的内化，是指在大学生中产生与道德要求相联系的情感体验的基础上，教育者引导大学生形成对特定道德现象较为稳定的情感态度。大学生对所要从事的活动有没有感情以及是一种什么样的感情，与对感恩情感的内化有着很大的关系。因此，让大学生在感恩活动中感受感恩并激发其感恩情感，从而形成他们自己的认知，进而把感恩情感内化为品质，这是教育者的责任所在。大学生感恩教育是一种道德教育，感恩教育具有道德性。所以说，实施感恩教育的过程中，教育者要率先垂范，加强同大学生情感的引导和交流。

（二）营造良好的校园文化氛围，优化感恩环境

把学校当作一个教育生态系统进行布局，从校园物质文化和校园精神文化人手，凸显校园感恩氛围，陶冶大学生的感恩情感。因此，以美化、优化校园物质文化为基础，营造感恩教育的美好氛围，以丰盈、升华校园精神文化为制高点，反映学校的精神面貌，这是培养大学生感恩情感非常重要的人文环境。

1. 以美化、优化校园物质文化为基础，营造感恩教育的美好氛围

把校园建成感恩教育的主要场所，陶冶大学生感恩情感。例如，教室、办公室、宿舍楼、板报、报栏、LED 教学屏都是可以利用的媒介，通过利用这些媒介，注入感恩元素，便可以创建浓厚的感恩文化氛围。各个教室以“感恩”为主题设计布置，黑板报上可以记录同学之间、师生之间的点滴感恩情景。LED 教学屏可以定时播放“感动中国”“最美丽的乡村教师”“最美丽的消防员”“最美丽的乡村医生”等感恩节目。这种借助感恩情境的布置所创建的感恩氛围，可以有效激发感恩情感。

2. 以丰盈、升华校园精神文化为制高点，反映学校的精神面貌

培养大学生感恩情怀以校园精神文化为载体，通过适宜有效的感恩系列活动来反映学校的整体精神面貌。如在重大或传统节日适时开展感恩活动，如教师节“尊师、

爱师在行动”活动，清明节“感恩祖国，缅怀先烈”社会实践活动，重阳节“关爱老人，感恩长辈”体验活动，“浓情六月，感恩父亲”活动以及“感恩·迎新年”活动等。又如：针对重大事件，可以适时开展感恩社会的爱心捐款活动等。

综上所述，大学生感恩教育要从情感方面入手，教育者要率先垂范，加强大学生的情感交流。同时，营造良好的校园文化氛围也是必不可少的，因为美好的校园文化氛围是优化感恩环境的重要途径。

四、实践层面——感恩的干预策略

研究表明，感恩是促进个体社会适应作用最大的人格特质之一。临床心理学家指出，通过干预增加个体感恩情感水平也可有效减少个体的适应不良，促进个体积极关系、认知能力、心理弹性等。如前所述，感恩具有很多功效，那么该如何提升感恩情感呢？这是临床心理学家和教育心理学家最迫切关注的问题。当前国内外比较常见的干预策略是感恩记录、感恩沉思和感恩拜访。

（一）感恩记录（或列举恩惠）

感恩记录是国内外运用最多的干预方法，即让被试定期记录值得感激的事件，往往采用写周记的方式。对感恩实施列举恩惠的干预，包括三个实验。实验 1：对大学生进行为期 10 周的干预，其中实验组要求被试每周记录 5 件感恩事件，另外两个控制组分别为每周记录 5 件争论事件及记录 5 件有影响的事件。实验 2：对大学生进行为期 2 周的干预，其中实验组要求每天记录 5 件感恩事件，另外两个控制组分别为每天记录 5 件争论事件及向下社会比较（产生自豪和愉快情绪）。结果表明，相对于控制组，在这两个实验中，感恩记录组被试均表现出更高的感恩水平、生活满意度和积极情感，以及更少的消极情感和头痛等体症状。实验 3：对肌肉神经疾病成人进行为期 3 周的干预，实验组要求被试每周记录 5 件感恩事件，控制组为不处理。结果表明，相对于控制组，感恩记录组被试的感恩水平显著增加，日常功能也显著改善。通过让青少年儿童每天计数值得感恩的事情来引发其感恩体验，结果发现，实验组的学生在后测和随后三个星期的追踪调查中都表现出了较高感恩水平以及生活满意度、主观幸福感。此外，我国研究者石国兴和祝伟娜对实验班采用了班级辅导和“列举恩惠”相结合的团体干预方式，结果显示该干预方式也有助于个体提高感恩水平、整体生活满意度和正性情感。

（二）感恩沉思

感恩沉思有点类似于感恩记录，所不同的是感恩沉思让被试者沉思或者记录较感恩事件更为广泛的积极生活经历，并且干预只进行一次，时间很短，往往只持续几分钟。Watkins 等人在研究中对大学生进行了仅 5 分钟的感恩干预，该实验要求实验组被试记录暑假他们进行的感恩活动，要求控制组被试记录他们暑假想做但没能做成的事情。结果显示，与控制组相比，感恩沉思组被试报告有更多的积极情感和极少的消极情感。目前感恩沉思策略在感恩干预研究中应用得较少，但是对于需要激发即时积极情绪的临床治疗或者科学研究来说具有重要的应用价值。

（三）感恩拜访

感恩拜访是表达感恩行为的一种策略，即写信感谢施恩者，寄给或当众读给施恩者。Seligman 采用“感恩之旅”，鼓励个体对其生命中某个和善的人，以书信的方式写出感谢他的话，然后去拜访他，并且当面读出这封感恩信，从而引发个体的感恩体验。随后 Seligman 等人对成人样本进行为期一周的干预，实验组要求被试在一周之内写一封早期的感恩事件以及感恩原因的信件，并且寄送给施恩者，控制组则为书写记录早期的记忆。结果表明干预后即时测量和一月后测量，感恩拜访组相较控制组均报告了更多的感恩和幸福感，以及更少的抑郁。此外，Watkins 等人和 Kashdan 等人也分别通过实验验证了感恩拜访有助于个体增加感恩。我国研究者张睿进行了采用感恩拜访日记方案提升小学生主观幸福感的研究，在该实验中感恩拜访日记主要要求被试观察、感谢他人对自己的帮助，然后当面向他人表示道谢，并记录感恩的人、事以及自己的感受。结果表明，感恩拜访组在正向情绪、自我愉悦、生活满足、人际和谐等四个维度上都有显著提升，在主观幸福感恩各维度上提升效果显著。

第三节 特殊大学生感恩意识缺失的原因浅析及培养对策

一、特殊大学生感恩教育存在的问题

（一）“爱”与“教育”如何把握

许多高校大学生不懂得珍惜父母的养育之恩，不懂感谢、不愿感激社会的关爱之情，只知索取，不懂回报，这些令人感到痛心的现象，部分原因在于家长没有把握好爱与教育的尺度。父母的出发点总是疼爱与呵护，但是当亲情之爱转变成溺爱时，就会出现问题。孩子在望子成龙的环境下成长，认为父母对自己要求的满足理所当然，

不懂得感恩与回报。有这样一个久远的故事，说的是一对母子。母亲非常疼爱自己的儿子，爱到了溺爱和放纵，孩子想要什么，就满足什么。孩子渐渐长大，有一天，他拿了邻居家的针，他母亲觉得没什么，既不批评也不教育，这个儿子越来越贪心，放纵的结果是慢慢走上了犯罪道路，被投进了监狱判处极刑。他母亲为他送行，问儿子还有什么要求，儿子说想再吃一口母亲的奶当母亲掀起了衣襟时，儿子一口咬掉了母亲的乳房，他痛苦而愤恨地说，要是在我小时候，第一次拿了邻居家的针，你就管教我，我不会落到今天这样一个下场。什么是爱的真谛，这个故事告诉了我们。

（二）学校对感恩教育过于形式化

道德教育的途径主要有三种：一是认知，二是灌输，三是熏陶。我国目前进行感恩教育还是过多地注重“灌输”的方法，加之许多学校在设施方面还很不健全，甚至有些学校的教师讲课还停留在“一支粉笔一张嘴”的水平上。令人遗憾的是，在我国的一些学校中，灌输往往是最主要的学习途径，加之有些教育者因为缺少系统的理论知识，他们不知道给学生教什么，更不知道怎么教，这使得许多学生对感恩产生了错误的认识。除了灌输之外，教师在教育过程中经常使用的另一种方法是熏陶。在大学校园里，经常会看到一些关于宣传感恩故事的海报。除此之外，学校还通过举办各种感恩活动进行感恩教育，比如，组织学生与父母一起参加活动，发动孩子给父母写信，计算“亲情账”，等等。在活动进行过程中，学生们往往被感动得泪流满面。但是，这种感动能够持续多久呢？由它激发出的感恩举动又能做到什么程度？而且这种感恩能不能推己及人，渗透到普通的人际关系中去？甚至于这种感恩教育会不会使他们形成一种功利化的感恩观？如果不能够提升学生的道德认知能力，可想而知，这些猜测是很有可能发生的。因此，我们急需改进大学生感恩教育的方式。

（三）感恩教育课程内容不合理

人类教育历史的成果表明，课程化是培养优秀人才的有效方法，一切优秀的教育思想都贯穿于课程结构之中，通过教材呈现出来，最后由教师把这些优秀的思想传授给学生，它是教师教学的理论依据。然而，当前思想政治理论课在课程内容方面存在着一些不容忽视的问题。

第一，内容的结构体系存在冲突和矛盾。从横向上看，不同教育主体之间的教育内容“对冲”现象十分普遍，主流价值、非主流价值甚至反主流价值在教学过程中交织出现。从纵向上看，有两个衔接不当：首先，与中学阶段的教育内容衔接不当。课程内容设置与中学政治课存在较多简单重复，从一定程度上说，是建立在对中学阶段思想政治教育工作的主观臆断上的，内容的理论化、抽象化、成人化程度还有待改进，以更好地解决大学生自中学以来累积的理想信念、道德观念、价值目标等问题。其次，内容顺序安排不合理，往往低年级进行马克思主义理论教育，高年级再将重点转移到人生价值、社会责任、感恩等问题上来。这不仅与大学生的认知规律相违背，而且使得大学生思想政治工作陷入“前期空洞、后期功利”的境地，教育内容的可信度被严重弱化。

第二，内容的时代性较差。首先，在传统的教育内容上与时代课题联系不紧密，创新不足，无法阐释在新的历史时期相关问题发生的新变化、出现的新特点。新内容的建设力度和速度不够快。感恩教育、生命伦理教育、爱国教育、个体责任教育、网络道德教育、婚恋教育、成才教育等，都是当代大学生迫切需要教育的内容，是他们健康成长道路上的重大课题。但是，对于这些问题的解决还处于延迟的、被动的状态，收效甚微。

（四）感恩教育实施渠道不通畅

除了利用思想政治理论课这一主要渠道外，大学生思想政治教育还可以通过专业教育、家庭教育、社会影响、日常管理及学生自我修行等途径开展。当前，这些渠道在合作方面主要存在三方面问题：首先，缺乏沟通，各自为政的情况比较普遍。调查显示，大学生将家长作为最可信赖的人，信任度达到 90.9%，辅导员等思想政治教育工作者的可信度则只有 23.2%，院校领导的信任度只有 16.4%，这说明了家庭和学校教育者在大学生思想政治工作中所占心理地位的巨大差异。其次，作为主渠道的思想政治理论课，缺乏与其他途径的交流，对于学生在专业学习、日常生活、社会实践中受到的影响关注不够，回应不及时、不准确。最后，非主渠道在一定程度上表现出与主渠道之间的不合作态度，不愿主动承担其应有的育人责任。部分任课教师和学生管理者对于学生的思想品德问题或敷衍了事或听之任之，抱着“多一事不如少一事的”的心态。

（五）学生对感恩内涵存在误区

1. 认为所得到的关爱与帮助是理所当然

很多人认为自己得到关爱与帮助都是别人应当付出的，或认为别人帮助自己不过是举手之劳，不值得感恩。事实上，施恩不图报是对施恩者而言的，对于受惠者而言，你应当明白的是懂得感激、懂得感谢。

2. 感恩存在心而止于口

对你需要感谢的人，要把感恩之情表达出来。美国有一个小故事：村中一家人围坐在餐桌前吃饭，母亲却端来一盘稻草，全家都很奇怪，不知道怎么回事，母亲说：“我给你们做了一辈子饭，你们从未说过一句感谢的话，称赞一下饭菜好吃，这和吃稻草有什么区别。”连世上最不求回报的母亲都渴望听到一点感谢的回声，那么我们对待别人给予的帮助和恩情，就更有必要把感恩的话说出来，不仅是为了表示感谢，更是一种心的交流，在这样的交流中，我们会感到世界因心心相系而变得格外美好。

3. 感恩在报答大恩大德的举动中才能体现

我们说感恩不在于你的举动多么重大，而在于你内心深处感恩的精神回应。对父母的点滴孝心、对同学帮助的一声感谢、对老师辛勤劳动的尊重，在每一个小小的细节里，都充满了感恩的情怀。

二、感恩教育问题存在的原因

相比大学生感恩教育，大学生专业课教育的效率来得更高一些，专业课不扎实的同学完全可以利用课余时间补回来，如果某个课程没有达到学籍标准，高校还可以组织学生补考。然而，大学生感恩教育的教育目标是使大学生学习并接受符合感恩要求的道德规范和道德要求，这是一个漫长的过程。通过对当前大学生感恩教育过程中出现问题的客观分析，我们不难发现造成大学生感恩缺失的原因是多层次、多方面的。本书主要从家庭因素、学校因素、社会因素和自身因素几个方面来对大学生感恩教育存在的问题进行分析。

（一）家庭因素

家庭作为教育的摇篮，是道德教育的“航母”，亲情是情感教育的自然基础，也是人类亘古不变的、最质朴、最厚重的情感。父母或其他家庭成员的一言一行无不潜移默化地影响着个体的成长和发展。

1. 父母对子女进行感恩教育的意识淡薄

当代大学生感恩意识缺失的责任首先来自家庭本身。面对激烈竞争的现代社会，今天的家长们普遍重视孩子的早期教育，重视孩子的智力开发，这较之过去老百姓只关心孩子的“吃、喝、拉、撒”，当然是一种积极的改变和可喜的进步。但问题在于，一部分家长只重视孩子的教育，焦点几乎仅仅落在了孩子目前的学业成绩和未来的竞争力上，进入一流学府，拿到更高的学历，步入“上流”社会，是他们对孩子共同的期望和要求。另外一部分家长为了贪图自己一时的安逸，全然不管孩子的一切，平常在外面潇洒，任由孩子“自由发展”。在农村，一些父母含辛茹苦地把孩子培养成才，而当他们进入大学之后，却“嫌弃”自己的父母地位卑微，担心他们会影响自己将来的发展。在城市，许多孩子被侍候得像“小皇帝”一样，从小到大，他们从父母那里获得各种物质的满足，不用自己要求就可以得到各个方面的保障，在这样的“温室”里长大。自然而然他们在思想中形成的是“个人主义”，表现在行为上是只有索取，不懂得回报。家庭教育对个体的思想道德建设起着十分重要的作用，不科学的家庭教育必然会导致个体感恩意识的缺失。

2. 亲情依赖意识降低削弱了感恩教育的开展

随着社会的发展和各种制度的进一步完善，人们对人格独立和自由的呼声也越来越强烈，大家都希望自己的命运由自己来主宰。尤其是随着改革开放的进一步深化，社会化大生产得到了空前的发展，人与人之间的社会联系逐步加强，人们更愿意以积极的姿态参与到社会生活的各个岗位中去，家庭不再是个人的主要生活场所。在企事业单位中，只要通过自己最大的努力，尽职尽责，个人的价值和荣誉都会得以实现。在这种背景之下，家我一体的观念在大学生心中淡化，他们的亲情依赖意识也逐渐降低。加之面临学业和考试的重压，面临着情感和择业的困惑，他们需要巨大的精力去应对，以至于和父母的联系不再频繁和深入。除此之外，因为时代特征的差异和年龄的悬殊造成了父母与子女之间不同的思想观念和生活方式，使得父母与子女之间在感情上产生摩擦、想法上存在分歧。不能进行很好的交流与沟通，这也会影响到家庭教育的顺利开展，进而削弱个体感恩意识的形成。

（二）学校因素

通常，人们把学校看作是塑造人类灵魂的殿堂和坚守崇高道德理念的净土，也是国家专门培养优秀人才的重要场所。全面开展感恩教育，以学校感恩活动为载体，精心培育学校的“感恩文化”，其目的就是要使“滴水之恩当涌泉相报”的情感生根、开花、结果，让学生懂得知恩图报。然而，由于学校教育的疏漏，大学生感恩教育往往缺乏实效性。

1. 学校教育的功利性过强

感恩是非功利性的，但目前许多感恩教育过多地从功利层面强调感恩的意义，使得感恩成为达到功利目的的手段之一，教育本身发生了错位。在这种教育情形之下，大学生更多地偏向于追求金钱主义和享乐主义，并把它们作为实现人生价值的支点，在学习过程中往往选择把大量的时间花费在具有实用价值的知识与技能上，以便在将来可以谋求到一个好的职业。大部分学生加入党组织，不是为了更好地提升自己的思想境界，而是为以后进行深造、考试或找工作增添砝码。学校办学则过于追求经济效益、社会效应，导致学校学生管理、师资建设、教学质量监控等各方面愈来愈趋向于短期效益化，教学只流于表面形式，人文关怀方面的教育严重缺乏。知名教育学者熊丙奇曾指出：“一切围绕功利目标转，从这种教育体系走出的学生，会在人格、身心方面存在一定的缺陷。”这样的学生是不可能为他人着想、关心别人的，因为他们觉得没必要把大量的时间浪费在没有利用价值的人身上。久而久之，学生几乎进入了感恩教育的空白区。正是这一系列的教育空白和功利性的办学追求，导致当代大学生感恩教育欠缺，学校整体感恩教育水平的下降和大学生感恩意识的滑坡也就不可避免。

2. 感恩教育实效性差

当前我国高校主要通过系统的思想理论教育、各种课外活动以及相关主题活动来培养大学生良好的感恩意识。在实施过程中，我国高校感恩教育在积累了丰富经验的同时也存在着突出的问题，体现在具体教育过程中，首先是在方法上过分采用“灌输”，缺乏教学的互动过程。教师在教育过程中处于中心地位，机械地向学生灌输大量的信息，而学生只是被动地接受这些信息，对信息不能进行有意义的构建，渐渐地就会产生对这种教育的厌烦情绪。其次是教育内容与现实生活的脱节。在信息多元化的环境中，大学生已经具有了一定的道德辨析能力和强烈的自主意识。在内容上一味地追求“净化”追求“正面影响”，一定程度上造成了大学生的困惑和迷茫。他们常常感到所学知识的空泛和不切实际，在内心深处却不会真正接纳这些“答案”。此外，忽视学生的身心发展规律也是导致大学生感恩教育薄弱的因素之一。感恩观念的形成本应是一个由低到高的发展进程，感恩教育应遵循青少年不同发展阶段的身心特征。但事实却是，在小学阶段我们大讲共产主义理论，初中阶段讲道德教育，而到大学阶段却反过来强调公民基本道德规范，这种现象导致大学生感恩教育与学生身心发展规律脱节，对大学生感恩意识的塑造没能起到积极的作用。

（三）社会因素

感恩教育不能只是简单地在大学校园里进行，每个人都不能脱离社会而独自生存，必须将其置于全社会之中，在整个社会学校的系统大环境下，通过积极营造全社会感恩和谐的氛围和环境来促进大学生感恩教育，培养大学生的感恩意识。当前我国处于社会转型时期，人们的利益关系和思想价值取向已呈现多样性和复杂性，在网络媒体和商品交换原则作用下产生的一些不良风气，也更多地侵蚀着人们的精神领域。

1. 社会的感恩氛围不浓

近几十年来，经济体制改革、市场经济的深入推进，带来了利益主体、价值观念的多元化，人们为了生计一个劲儿地加速前进。在这种激烈的竞争下，人与人之间变得越来越陌生、越来越缺乏信任，一些基本的道德品质在利益至上原则的引导下也渐渐模糊起来。一些子女不尽赡养父母的义务，使大量老人成为空巢老人。看到妇女被偷财物，人们为保自身周全而漠然视之。有人资助大学生完成学业，反被抱怨资助太少。看到老人跌倒在身边，扶还是不扶也纠结着人们的内心，助人为乐陷入了一种莫名的尴尬状态，人们不愿相信这个世界上还有真善美的存在，总是事不关己高高挂起。这些都在一定程度上体现出我们的社会感恩氛围不浓厚，这对价值观形成处于关键期的大学生的感恩意识形成是十分不利的。

2. 激烈的社会竞争的影响

伴随着知识经济的到来，人与人之间的竞争也愈演愈烈，效率至上成为人们做事的准则，如何在最短的时间内提升自己的技能，更新自己的知识成为将来生存发展的关键。面对这种社会境况，大学生也倍感压力，他们必须充分调动自己的积极性，加强对知识的学习和对自己技能的培养，整天忙着实习、忙着参加各种技能考试，为将来的就业做准备，而对于自身素质、情感、人生价值等方面的关注度远远不够，导致人与人之间的感情变得越来越疏离。人作为各种社会关系的总和，不是孤立地存在于这个世界的，必须通过不断地完善自己的社会关系来发展自我，此外，人也是具有丰富情感的存在物，“人非草木，孰能无情”，缺乏情感的人称不上是完整的人。对于个体而言，来自他人的关爱、帮助、赞赏等会使其产生强烈的归属感、安全感和幸福感；反过来，当个体选择以恰当的方式去回馈这份爱，去感恩他人时，就会深刻地体会到自身的价值，从而觉得自己的生命更加充实。然而，激烈的竞争割裂了人与人之间温情的纽带，它抑制了人们正常的情感需要，而更多地被赤裸裸的利益关系所取代。

3. 大众传媒的负面影响

大众传媒对人们的影响力非常深刻。它可以使信息在很短的时间内遍布全世界，人们可以足不出户，就了解到世界各地的新闻。不仅如此，大众传媒还为人们提供了很好的舆论平台，在这里人与人之间的空间距离被缩短，不同思想的相互碰撞形成多元化的价值观。然而，大众传媒是一把双刃剑。在市场经济条件下，为了最大限度地追求商业利益，大众传媒出现了低俗化的现象，制片商通过篡改经典原著、歪曲历史事实来赢得大众的喜好；商家为了推动商品的销售不惜运用低俗化的语言吸引消费者眼球；媒体为了制造噱头，吸引读者关注，对明星进行各种炒作；就连关系国计民生的硬新闻也被披上了华丽的外衣，本应严肃的新闻变得戏剧化、故事化、趣味化，大众传媒界出现了“泛娱乐化”的现象。这些都在一定程度上潜移默化地影响着广大受众。当代大学生作为大众媒介的主要追随者，生活习惯、交际模式和获取信息的方式无不受其影响。尤其是过度的依赖网络致使他们与现实生活的接触越来越少、人际关系淡漠，部分大学生受到网络上一些负面新闻的影响、崇尚自我、不知道感激别人的付出、更不会去回报别人，无形中造成了感恩意识的缺失。

（四）自身因素

正如杜威所说：道德，理智发展的过程，在实践和理论上乃是自由、独立的人从事探究合作的相互作用的过程。大学阶段，大学生自我认识、自我评价、自我控制的能力明显不同，对感恩的认知能力也不尽相同。因此，要从大学生自身方面探究当代大学生感恩教育缺失的原因。

1. 部分大学生对感恩认识不全面

伴随着成人感的出现，大学生独立性大大增强，开始不愿依赖别人，不愿按照父母的意愿、老师的要求去做事，强烈要求按自己的想法去办事，捍卫自己的观点，对事物的判断保留自己的评价标准。可以说，这是个大学生个性张扬的时代，可是部分按自己想法办事的学生开始变得我行我素，对事物发展缘由的归因分析往往显得片面和绝对化，感性认识通常大于理性认识，认为感恩就是简单的利益交换。他们忽略了：感恩不仅仅是简单的利益交换，更是来自内心深处的一种心灵感觉和对人间真善美的珍惜。他们都曾感受过来自他人的帮助和关怀，也都遇到过出手相帮的时候。当你懂得感恩，你就会知恩图报、乐于助人；相反，你只会看到冰冷的利益交换，感受不到人与人之间的真情，甚至连他们帮助自己的动机都产生怀疑。就感恩的对象而言，也存在着一定的认知偏差，在部分学生看来，感恩的对象主要有父母的养育之恩、老师的教导之恩、朋友的帮助之恩，这使得感恩的范围一下子缩小了许多。正是由于以上对感恩认识的不清，导致了当代大学生感恩意识的失衡和欠缺。

2. 部分大学生自律能力较差

自律是当代大学生应当具备的基本素质，也是我国社会主义道德伦理规范对大学生道德素质的起码要求。马克思说过："道德的基础是人类精神的自律。"它要求人们在作出行为选择时，要以道德良心、理想和信念为依据。

经历了高考带来的巨大压力，进入大学校园，大学生们一直紧绷的神经终于放松下来，部分大学生因为自律能力较差，把大量的时间消磨在虚拟的网络世界里，成天打游戏、聊天、网购、看泡沫剧；一些同学甚至连吃饭都懒得出去，直接在网上订购，这些行为导致大学生与他人、社会之间缺乏正常的交流和沟通，逐渐与现实生活相脱节，社会责任感弱化，对家人和社会给予自己的帮助表现出无所谓的态度，更不会想到用自己的行动去报答这些恩情。长期下来最终滋生了大学生的"从众"心理，"人云亦云""随大流"，这种对待生活的态度逐渐弱化了他们的感恩意识。鉴于此，大学生在实践中要加强自己的自律能力，要善于自我评价、严以律己、反躬自省。

三、开展感恩教育的必要性

当代大学生是中国特色社会主义事业的接班人。这一特殊的角色要求大学生不仅要"有知识"，而且要"有道德"，使自己成为德才兼备的人。然而，身处复杂多变的当今社会，大学生中不断出现道德滑坡、感恩意识缺失的现象，这严重影响到大学生身心的健康发展和人生理想的实现。对此，开展大学生感恩教育显得十分迫切和必要。

自我国改革开放以来，随着经济的全球化和世界格局的多极化发展，我国已逐步融入世界市场。经济全球化带来的是多元文化的碰撞，作为新时代的年轻大学生，他们对新事物的抵抗能力比较弱，容易受影响，不同的文化渗透到他们的价值观中，深刻影响着他们对生活的态度和行为方式，使他们对感恩、交往、责任等诸多问题产生困惑。

（一）学校的德育工作需要感恩教育

提高学生的思想道德素质、科学文化素质和健康素质是学校德育工作的主要内容。在当今学校德育过程中，信息的单向度传授和知识的灌输仍然占主导地位，德育生活化的问题一直处于理论呼吁阶段，离实际操作还有很大的距离。德育教学只注重课本知识和思维方法，学生缺乏实践经验和情感体验。这种教学方法从表面看并没有造成教学效率的降低，实际上，这种教学方式已不能适应社会对所需人才的要求。我们都知道感恩教育的出发点是以人为本。感恩教育坚持以人为核心的发展观，教导学生要懂得理解、关心他人，要有责任意识。因此，在德育工作中，教师应鼓励学生与他人进行真诚的对话和交流，注重培养他们的感恩意识；要让他们学会理解和沟通，能够将心比心，感恩他人的帮助和关心；要懂得付出，能够从对方的感恩中获得快乐，同时更加积极、主动地关心他人。只有这样，才能使学生养成一种健康的道德情感和高尚的精神人格，进而实现自己的人生价值。

（二）建设和谐的校园人文环境需要感恩教育

学校是一个教书育人的地方，育人就需要一个和谐的、安静的、带有人文气息的环境。和谐是学校能够持续发展的前提条件，一所好的学校，只有在和谐的基础上才能够发展，才能不断创新，才能培养出满足社会需要的全方位人才。和谐校园环境的营造，需要老师和学生以及学生之间和谐的相处。特别是学生和学生之间，校园的主体是学生，学校的所有工作都是围绕学生来展开的，因此，构建和谐的校园与学生关系就显得格外重要。因此，学校的感恩教育就必须先从学生开始，在校园实践中培养学生博大的胸襟和高贵的德行，懂得和他人和谐相处。同时，环境能够塑造人的性格和修养。学校通过营造一个彼此尊重、互相关心、凡事感恩的校园人文环境，让学生在潜移默化中接受感恩，在感恩中获得快乐，渐渐地，感恩会内化为学生性格中的一部分，成为一种习惯，使得在以后的学习生活中，学生之间都能够和谐相处。这样，和谐的校园人文环境自然就产生了。这是一个相互影响和相互促进的过程，需要学校和学生一起努力。只有学会感恩、懂得感恩，才会发现生活的美好，才能体会到和谐校园人文环境的动人之处。

（三）传播中国传统文化需要感恩教育

感恩是一个人最基本的道德修养，是我国的传统美德，是一个人对自己、他人和社会关系的人格定位。在我国的传统文化中，感恩教育占据着重要的地位，自古就有“投我以木桃，报之以琼瑶”“谁言寸草心，报得三春晖”的诗句。《战国策》说：“人之有德于我也，不可忘也；吾有德于他，不可不忘也。”儒家思想主张“知恩不报非君子”，唾弃“忘恩负义”之人，痛恨“恩将仇报”之徒。历史上也有孟宗“哭竹”，王祥“卧冰”、庾黔“尝秽”之类的记载。但是随着信息化时代的到来，在多元文化的冲击下，一些当代大学生养成了一种冷漠的心理特征，他们有时会因为一点小事去伤害别人，甚至是对他们特别关心的人。我们的传统文化教育后代要孝敬长辈、尊敬师长，这是人之为人最重要的品质，也是感恩教育的一部分。在当今社会更是要重视孝德教育，“身体发肤，受之父母”，我们要孝敬父母；老师是我们的领路人，对老师的引路之恩要感恩；社会为我们创造了各种条件，帮助我们实现自己的人生理想，也需要我们感恩。

一个社会的精神文明进步体现在这个社会的人是否懂得感恩上，感恩是一个社会良知的最基本体现。作为当代大学生，更应该将感恩融入自己的血液里，并将其作为一种传统、一种美德，传承和发扬出去。

（四）和谐社会建设需要感恩教育

对大学生进行感恩教育，是社会对教育提出的新课题，它对构建和谐社会有着十分重要的作用。在构建和谐社会背景下，培养什么人、如何培养人是高等教育工作者必须解决的根本问题。感恩教育从终极目的上体现的是一种对人的关怀，它对感恩品质的高扬，不仅突出了人的道德性，体现了浓郁的人文精神，而且突出了人的社会性，更多地强调人的社会责任和社会义务，使当代大学生树立正确的人生观、价值观，培养他们的道德良知和社会责任感，引领他们对家庭、他人、社会常怀感恩之心，常留感恩之意，长存感恩之情，学会承担责任、奉献社会，不断消除不和谐成分，树立知恩图报的社会风范，更好地实现人与自我、人与社会以及人与自然的和谐。

四、开展感恩教育的重要性

当代大学生在社会中占据着重要的位置，他们不仅是通过考试从同龄人当中层层选拔出来的较为优秀的一部分，而且还是正在接受高等教育并具有极大发展潜力的受教育者。可以说，今天的大学生是未来社会优秀文化知识的继承者和创造者，他们的思想道德素质和科学文化素质的高低直接关系着国家的未来发展前景的好坏。因此，在大学时期，对大学生开展各个方面特别是思想品德方面的教育显得极其重要，思想品德教育包含着感恩教育，发展感恩教育有着特殊的意义。

（一）加强感恩教育有利于增强当代大学生的感恩意识

恩情是连接人与人之间的一个良好的纽带，更是大到连接国与国、地区与地区，小到家庭与家庭、人与人，进而支撑起一个社会的纽带。对此，作为社会中的一分子，每个人都要心怀感恩。总的来说，大多数的大学生都具有好的感恩意识，很多同学都能够对父母和给予过他们帮助的人心存感谢，并通过不懈的努力来报答他们的恩情。但也有一些大学生，以自我为中心，贪图享乐，缺乏感恩意识，把给予他们帮助的人置于脑后。他们精神贫瘠，将大量的时间浪费在吃喝玩乐上，挥霍着父母对自己的爱，对生活和未来充满迷茫和嘲讽，将未来寄托在自己的父母身上，种种现象令我们震惊。比如，曾经出现来自农村的父母到城市看望读大学的儿子，儿子竟然告诉同学是自己的老乡；也有因个人感情自杀的、不念及父母恩情的大学生。除此之外，随着独生子女队伍的不断壮大，在大学生群体中，出现了越来越多的“啃老族”，他们一直享受着父母无微不至的关爱而缺乏独立生活的能力，稍有不如意的事，就向父母发牢骚。令人叹息的是，多数“啃老族”认为父母对他们的关爱是天经地义的，这种“忘恩”思想在大学校中不少，这将严重影响到个体的全面发展。因此，对大学生进行感恩教育是非常有必要的。这对防范和消除自私自利与贪图享乐，消除人与人之间的冷漠、疏远会起到很大的作用；有利于培养学生乐于承担、善于分享、与所有人愉快交往的良好性格；增强对父母、他人、社会以及整个自然界的热爱与关心。

（二）加强感恩教育有利于促进精神文明建设

中国特色社会主义强调在推动社会主义物质文明的同时，还必须要加强精神文明建设。高度的精神文明建设，不仅能够为物质文明提供精神支持和智力保证，而且能够使得物质文明按照既定的价值导向健康发展。

当今时代的人们在思想意识和行为选择方面面临着众多问题，最引人注意的莫过于个人主义、享乐主义和拜金主义思想对青少年的影响力。金钱万能、以自我为中心的思想正扭曲着学生们正确的价值观，影响着他们的全面发展，并制约着他们未来对社会的适应能力。感恩教育的开展可以有效抵御以上腐朽思想对学生的腐蚀，它是建设社会主义精神文明必不可少的环节。首先，感恩教育有助于大学生正确认识自己和社会及周围环境，帮助他们恰当地处理好各种关系，培养他们甘于奉献的精神和勇于担当的勇气，增进校园的和谐稳定。其次，感恩教育有助于大学生保持积极向上的心理状态，塑造他们良好的性格和健全的品格，提高道德品质，净化社会不良风气。因此，要加强对大学生的感恩教育，推进社会主义精神文明建设，培养大学生的感恩意识，使学生树立科学的世界观、人生观和价值观。

（三）开展感恩教育能够促进大学生身心健康

陶行知先生曾指出：健康是生活的出发点。这不仅是指人的身体上没有疾病，还指人的心理处于健康的状态。然而，在现实生活中，人们对青少年的发展及健康的评价往往只注意生理上的健康，而很少关注他们心理上的变化。大学生正处于人格形成的特殊时期，他们在生理上和心理上所展现出来的各种特征并不是已经达到发展的巅峰，而是处在不断变化和趋于成熟的过程中，外界环境的影响会对其发展起到非常重要的作用，生理和心理并未完全成熟的大学生面对纷繁复杂的世界和日益严峻的就业形势，极其容易出现各种隐性心理问题。感恩教育的实施将在很大程度上抑制这些问题的产生。

感恩教育的开展一方面会使大学生拥有良好的自我意识。心怀感恩的人不仅能保持正确的自我认知，而且可以很好地调控自己，既不自视清高、妄自尊大做力所不及的工作；也不妄自菲薄、自轻自贱。另一方面，参与感恩教育的相关活动，尤其是通过运用榜样示范的力量，可以加深学生对感恩的理解。相反，如果一个人不知道感恩，那么他就不是一个人格完整的人、一个心灵健康的人，就不懂得报答别人的帮助，也就不会受到别人和社会上其他人的欢迎。因此，在高校加强思想品德教育和素质教育，进行一些以关爱学生发展为主题的感恩价值观教育活动显得尤为迫切。

（四）强化感恩教育有助于实现社会和谐

中国传统文化所推崇的理想社会是“和谐社会”。和谐的社会需要和谐的环境，和谐的环境需要和谐的人际关系，而和谐的人际关系，最根本的还是要靠有道德、有修养的人群去营造。这就需要一种价值体系为其提供精神动力和思想保证，而感恩教育恰好能满足这一需要。感恩教育是思想政治教育的重要内容，它既能激发潜能、营造和谐、维护稳定；又能消除隔阂、增进共识、催生合力。这是因为感恩教育会引导学生在爱自己、爱家人、爱他人的同时，学会用一种客观的态度面对一切事物。譬如平等而公正地对待自己、对待同伴、对待他人，平等而公正地对待各个不同的民族及其风俗习惯。长此以往，他们就会具有同情与关心、接纳与分享、互助与合作等一系列高尚的社会情感和社会行为，而这正是构建和谐社会所必不可少的精神内核。因此，加强当代大学生感恩教育对和谐社会构建具有积极的现实意义。

第四节　特殊大学生感恩意识缺失问题对策

一、建立知、情、行“三位一体”的感恩教育模式

（一）引导学生识恩情、知恩情

马克思主义哲学认为，一个人对世界、对人生有怎样的认识，便会有怎样的思维方式和行为表现。认识和知晓恩情是感恩的前提和基础，学生是国家培养的建设者，因此普及和推广感恩教育首先要让学生真正深刻地了解“感恩”，体会“感恩”，要教导学生认识到自己现在所拥有、所获得的一切并不是天经地义、理所当然的。无论是大自然赐予的美丽清新的环境、祖国的培养、社会的氛围，还是父母辛苦的教养、师长的教诲、朋友的关爱，这些其实都是间接或直接的给予。然而，无私的给予并不意味着不需要感恩和回报，感恩不会有人强迫进行。感恩教育应当引导学生从感知父母的恩情开始，由近及远、由浅入深，逐步引导学生学会感恩他人、感恩社会。广大学校应该通过课堂教学的主渠道作用，挖掘教材中蕴含的感恩思想，通过对我国传统美德的深刻理解，把感恩思想融入对学生的教授中去，通过联系实际、事实讲述、资料查阅、影片教育等多种途径，深挖学生感恩心灵，督促学生对生活中所受的恩惠进行感知和回报。

（二）培养学生的道德情感

我们在接受恩惠的同时，理应报恩。感恩思想的传递是一种情感活动，实施感恩教育要做到以事实说明、以情感动人，陶冶和刺激学生的道德情感。学校对感恩教育的普及和推广应当围绕感恩这一主题，通过开展一系列相关的活动，从“感恩父母养育之恩”“感恩学校栽培之恩”“感恩老师教导之恩”“感激社会关爱之恩”等多方面展开。例如，学校可以开展如慰问老军人、老党员，去福利院探望孤寡老人，探访困难家庭，组织志愿者进行社区服务的感恩实践活动；可以设立爱心基金，倡导学生捐赠自己的劳动报酬支援地震灾区和帮助困难学生的感恩体验活动；也可以组织“感恩节”或“感恩日”主题活动，邀请感恩名人来校现身宣讲、交流。以此来号召学生心怀感恩之情，教导学生学会识恩、知恩、感恩、报恩，时时怀抱一颗感恩的心去看待人和事。以此勾起学生的共鸣，强化其感恩意识，激发其感恩情感。

（三）培养学生感恩于行

感恩不能仅仅停留在思想情感层面上，学校深入实施感恩教育活动的目的就是要培养学生感恩的道德意识，教育学生知恩于心、感恩于行，把感恩之心转化为感恩之行，并让感恩成为学生的一种良好行为习惯。学生不仅要从思想上认识感恩，更要用实际行动来感激和回报父母、师长、祖国、社会。教育者要引导学生在力所能及的范围内去报恩，激励学生将感恩意识化为行动，从我做起，从身边的小事做起，由小及大，知恩图报，将感恩之举真正落实到日常行为之中，不是为了外在的炫耀，而是内心真实的感恩之情。感恩行动不仅应当表现为知恩图报，还应当对处于困境中的人给予怜悯、慈悲、宽容并且帮助他们，也就是施恩。施恩是人的高级情感的需要，更是社会文明的表现。施恩的前提是“主动”、不图报，施恩不图报是感恩教育的深化和外延，当给予别人恩惠，在别人困难的时候伸出双手时不求回报，人的善良和品质都会得以彰显，人生观将会得以升华，世界观、价值观将得以完善，我们的社会也会成为互爱互信的大家庭。

二、感恩教育的对策

高校的感恩教育不仅要遵循大学生的身心发展的规律和特点，而且感恩教育的方法还要贴切于大学生的生活实际和思想实际，要让感恩教育与大学生内心世界产生共鸣和震动。高校感恩教育主要目的不只让大学生掌握感恩的含义、内容和要求，最主要是要在感恩教育过程中引导大学生们去参与实践、感触生活。体验能够达到以理服人、以情感人、情理交融、感人心灵，使得大学生们能够在体验中不断升华自己的情感，让大学生们油然而生对社会、对他人、对父母的感恩之情并能在不断的感恩教育中循序渐进地产生对祖国、对人民的感激和热爱，所以感恩教育不是一种喋喋不休的说教，而是更多的让学生在实践中去体验情感，这种情感是可以让大学生们在感恩的教育中受到感染、受到影响、受到同化。

（一）对象平等性

我们这里所说的对象平等性感恩教育，不是庸俗的私情义气，不是离开原则不分是非的对所有人的感谢，不是把个人的成长进步维系于某位领导的关心与庇护的感恩。我们强调的感恩不仅仅是表层的报恩，更应该是理解、反省和拥戴的感恩，我们倡导的感恩之心是人与人之间的磨合剂，也是社会文明与进步的体现。真正的感恩，指的是一个人对自己与他人和社会关系的正确认识，不是丧失了自信的感恩，是一种本性的自然流露，而不是出自于某种目的的迸发。因此，在当代社会感恩只能重新回到其作为社会伦理的地位上来，强调感恩应具有人格平等性、义务并行互益性、注重感情性、强调自律性等特点。感恩教育应把教育者与被教育者、施恩者和受恩者放置在平等的位置上，通过真情实感的动人画面和充满亲情的感人故事来激起被教育对象强烈的情感，这便是感恩教育的正确的方式方法。

感恩教育过程中，教育者与教育对象之间不仅是思想上的交流，而且是情感上的交流，双方互相尊重，感情才能相通，内心深处才能产生共鸣，学生才会真正地得到教育，感恩教育只有把双方的关系置于平等的地位，让受教育者看到的是与其平视平等的老师而不是高高在上的说教者，由此，对说教者所持的戒心在学生心中便化为了对老师尊重的回报。此外，感恩本身也是一种平等，当得到他人的帮助后进行回报，既是对他人的尊重也是一种自我的尊重，是基于对平等的一种追求，实施感恩教育从思想渊源上便具有了平等性的特征。感恩教育只有教会人们懂得感激，学会感激，才能引发人们内心爱的种子的生长。一个内心充满了爱的人是不可能参加暴力事件或实施忘恩负义行为的，因为感激是感恩的起点，具有感恩品质的人，不仅能积极体察他人情感需要并给予合理的满足，而且能以恰当的方式积极回应他人的关怀与帮助，他们具有敏锐的感受力和移情能力，并将其转化为感恩行为。

（二）操作实践性

在感恩教育的教育学理论情感教育理论的运用中，我们可以将学校作为感恩教育的重要场所，学校应积极营造感恩教育的文化氛围，创设浓郁的情感的环境，使得大学生们能在这种精神文化环境里触景生情，浸润于心，并以此启发大学生们的道德要求，让大学生们能够在情感的体验中潜移默化地受到感恩教育，所以，高校的感恩教育应以学生为本，为大学生们创造人性化的、积极向上的、充满真挚爱心的校园文化环境。

社会是感恩教育最好的环境，高校感恩教育应积极地融入社会实践中去，通过社会所提供的感恩典论环境和感恩的有效形式，锻炼大学生，磨炼大学生，让他们在实践中感受到施恩和报恩的心理体验，并且让大学生们在与社会的亲身的接触中，进一步体验感受道德的规范，唤起和激发大学生们更为广泛的道德要求。大学生在社会实践的过程中还可以整合校内外的感恩教育的资源，深入地对大学生进行情感上的培养，使得学校里苍白、枯燥、生硬的说教通过与社会的结合而变得鲜活生动起来，有效地增强大学生们感恩意识培养的实效性，也就是让大学生们在社会的实践中去亲身感受在校园、在书本、在课堂所感受不到的一种体验，所以社会为大学生所提供的感恩教育环境极其重要，当前高校可以积极地开展大学生的青年志愿者活动、三下乡活动、大学生支教活动、到农村挂职锻炼等，在界定的时间和环境内让大学生体验社会生活，从而增强大学生们的责任感、使命感和义务感，让大学生们能够自觉地在社会的环境下感知忘恩负义可耻，懂得感恩光荣，引导大学生们形成正确的感恩观念和行为。为了使高校的感恩教育能收到预期的效果，我们将感恩教育的心理学理论、认知情绪理论结合到感恩教育的实践中，学校的感恩教育应与家庭的感恩教育、社会的感恩教育有机地结合起来，互相渗透、互相影响、互相补充、相互配合，让三者产生的感恩教育的效能，促进大学生能尽快地形成感恩意识，塑造大学生的感恩品质。

（三）构建合理性

感恩意识的形成是一个渐进的过程，它需要大学生们在感恩教育的过程中进行自我的评价、自我认识和自我调控，并对自己进行有目的、有计划的感恩教育，进而实现对感恩行为的高度自律，不断提高自我的感恩意识，培养自我的感恩品质。大学生的自我教育，可以通过调动大学生的自我意识来实现，因为当代大学生的主体性很强，通过自我教育有利于大学生们对处理各种社会的关系、世界观、价值观、人生观等进行深入的思考，有利于大学生们在处理思想情感问题时进行换位思考，更有利于大学生们实现“吾日三省吾身”。

高校要对大学生进行感恩教育，培养大学生们的感恩意识，教师首先必须有丰富而扎实的道德素养，学高为师，身正为范，可以想象到一个缺乏爱、感恩之心和体恤他人的老师是无法在教学中与学生进行情感上的沟通的，也无法让课堂的说教与学生产生共鸣并让学生体会感染和震的，教师的职业是神圣的，授业、传道、解惑，这就决定了教师不仅要知识渊博，还要能通过教师自身的道德素养、人格魅力去征服学生，只有这样才能实现教学的最终目的，才能打动学生，实现感恩教育。春风化雨，润物无声的最佳境界。所以高校在感恩教育中特别要关注教师的道德素养，学校要不断培养和提高教师的道德情操，要让教师们能够自觉提升自己的道德素养、情感的调控与表达能力，要让教师们能够树立责任感、正义感，对学生爱的情感，还要让老师们内心能够时刻的涌动着对教育事业的执着和热爱，这些方面对高校进行大学生的感恩教育至关重要。

三、构建学生、家庭、学校、社会“四位一体”感恩教育模式

感恩教育是一项复杂的社会工程，需要学校、家庭、社会、学生共同行动、密切配合、形成合力，将学校、社会、家庭、学生高度结合成完整的感恩传递体系。只有实现家庭培养、学校教育，社会感化和自我奋进四者有机结合，做到相互融合、相互贯通、相互渗透、相互补充才能形成合力，收到预期成效。

（一）引导学生积极主动地自我教育

一切外化的感恩教育模式要完全被青少年接受，并自觉内化为个人的感恩教育才能算是成功的感恩教育。因此，高校感恩教育也必须充分发挥大学生的主观能动性，

让他们从内心深处真正理解和赞成感恩的内涵与重要性，从而变外力环境中被迫学习感恩为主观认识和行动上认真参与实践感恩，同时在感恩教育中要充分发挥大学生在感恩教育中的主体性地位，使其在内容和形式上创新自我感恩教育。一方面强化个体行为，要促使其养成知恩、感恩的行为习惯，通过提醒、倡议等方式引导学生在各种特定的时间、特定的场合表达自己的感恩情感。另一方面要引导学生发挥同辈群体的力量，在寝室、班集体等生活共同体范围内营造感恩风气，在学生与学生之间、学生与教师之间形成良好的感恩互动氛围。

（二）充分发挥家庭教育的情感力量

家庭教育是感恩教育的重要组成部分，良好的家庭教育环境是大学生健康成长的重要一环，重视家庭教育，唤醒大学生的感恩心理。家庭是感恩教育的起点，家长是孩子道德培养的第一导师，良好的家庭教育对于一个人的健康成长起着至关重要的作用，学会感恩要从学会感激父母开始，充分发挥家庭教育的情感力量。父母要转变培养观念，培养孩子“如何做人”比“如何做事”更重要，家长应当根据大学生身心发展的基本规律和品德发展的阶段性特点，从平时的生活点滴入手，从思想和生活细节上采取相应的教育策略来逐步培养他们的感恩意识，让孩子体会到父母的辛劳和付出，从而让孩子在思考问题的时候能考虑他人的需要和感受，而不要是以自我为中心，让他们更热爱家庭、珍惜生活、感恩生活。与此同时，家长在日常生活中要树立高尚的道德情操，以身作则，发挥榜样示范作用，家长要时常与子女进行心理上的交流和沟通，对子女要正确施爱，不能过于宠爱，这样才能增强家长对孩子教育的有效性。

（三）建设高校思想政治教育主阵地

高校肩负着为国家培养人才的重任，同时也是文化传播的集散地，学校环境对于青年学生人生观和价值观的形成影响极大。青少年大部分青春时光是在学校中度过的，所受的教育中相当一部分来自学校，学校对青少年的成长起了关键性作用。因此，在感恩教育中，学校应发挥其主阵地作用。高校感恩教育应当既有对历史的传承，又体现新时代的创新，它要区别于传统感恩文化的理论体系，有其新的伦理内涵、新的道德准绳、新的行为规范。用社会主义核心价值体系武装大学生，提高大学生是非鉴别能力与理性认识能力，增强抵御不良文化影响的免疫力，从而树立牢固的、科学的世界观、人生观和价值观。例如：学校德育部门要高度重视大学生的感恩教育，将其纳入思想政治教育体系，重视感恩教育，将其融入日常教学，以此作为思想政治教育一个新的突破口；以课堂教育为大学生感恩教育的主渠道，将感恩教育的内容渗透到学校思想政治教育课教学中，进一步推动感恩思想进教材、进课堂、进大学生头脑的工作；充分发挥学校管理部门、党团组织、学生组织在感恩教育中的功能，同时教育管理工作者要加强自身修养，言传身教，以良好的感恩品质给大学生以潜移默化的影响。

每个人都是社会这个整体中的一员，每个人的举动都会对社会的发展和进步造成影响，相应地，也不可避免地要受到社会政治、经济、文化环境的影响。构建人与人之间友善和谐相处、互相帮扶、互相关爱的社会环境对熏陶大学生的素养起着极其重要的作用。社会要倡导形成相互施恩与感恩的人际关系体系，通过不同的方式表达对亲人、师长、朋友的感恩之情，从而在全社会范围内形成良好的感恩氛围。此外，企业、社区以及其他组织在培养大学生感恩心理时也发挥了巨大作用。可通过发掘传统美德中的宝贵资源，并加以创造性的转化，结合中国古代的历史故事、民间传说，结合现实，同时借鉴国外成功经验，广为宣传，促进传统美德的发扬与创新，培育具有中国文化特色，体现社会主义核心价值观念，并适应新的社会经济形势的感恩文化体系。

第五章　大学生感恩意识的培养

第一节　感恩意识概述

一、感恩意识的形成

感恩意识属于人意识的一种，不是人类与生俱来的，它源于人的社会性，形成和发展经历了较长的时期。古代的思想家、哲学家及教育家对感恩意识有很丰富的论述。“受人滴水之恩，当涌泉相报”“卧冰求鲤”等从古沿袭至今的做人信条和民间故事都能显露出感恩意识的思想痕迹。的确，感恩作为人的一种内心意志，已经延续了几千年的历史。对于感恩意识的论述最早可以追溯到《诗经・小雅・蓼莪》“父兮生我，母兮鞠我，抚我畜我，长我育我，出入腹我，欲报之德，昊天罔极。”父母生我、养我，作为儿女要有报恩的意识。《孝经》云:“身体发肤，受之父母，不敢毁伤，孝之始也。”论述了父母对子女的恩情，子女要爱护自己，以示对父母的孝心。这些论述字里行间都显现出了要求子女对父母要怀有感恩意识，而儒家思想赋予感恩意识的内涵最深刻。儒家文化历来都很重视个人品德的养成，认为个体要努力实现“经夫妇，成孝敬，厚人伦，美教化，移风俗”的道德品质，教育学家孔子提出“仁者爱人”，只有具有仁者之心才能爱人，才会尊重肯定别人。《孟子・尽心上》:“亲亲而仁民，仁民而爱物。”儒家高度关注以“仁”为核心的感恩道德情怀，认为忠、孝、节、义等诸德行能体现一个人的道德修养，但透过忠、孝、节、义表面的差异，我们可以发现其内在核心都是感恩，都是以双方之间的恩情为基础的，感恩意识是仁爱之情的一种表现形式。到了魏晋时期，出现了对感恩意识最早的完整论述，晋朝陈寿的《三国志，吴书・骆统传》:“令其感恩戴义，怀欲报之心。”要感激别人的恩德与仗义，怀有一颗想报答的心。南北朝时期重要的教育思想家颜之推继承了儒家传统思想，重视人之道德教育，他所撰写的《颜氏家训》是儒家重要的道德教育经典。“开心明目，利于行尔”，教育和学习的目的在于使人既能“修身”“为己”，又能“行道”“利世”，而善于“为己”（有良好的道德修养）才能有效地“利世”（治国平天下），“为己”是“利世”的基本前提，“利世”则是“为己”的更高目的。北宋时期社会相对稳定，在一定程度上加速了教育思想的发展。“修身”“省身”“诚身”被推崇备至，强调良知、感恩的重要作用。他们认为，人只有发扬善端、满怀恩意，才能达到高的道德精神境界，这种境界就是人毕生追求的目标。在明代的《三十六孝》之后，清代张之洞等人编撰了《百孝图说》，以教后人师法。其中虽有一些封建糟粕，但张扬对老人、对父母的孝道，却是不无裨益的。清代还有颜元、李土恭学派的思想道德教育社会化思想。颜元认为“要突破传统的‘六经’教育的窠臼，将众多实用科目放在‘四书五经’教育之前，重在个人参与社会，只有这样个人才能真正去感恩。”

近代以来教育思想的发展，在一定程度上打上了封建传统思想的烙印，但在感恩意识方面也有较大的突破，这一时期感恩意识理论发展主要是马克思“人的本质”论。马克思认为：“一个人活着不只是在为自己而活着，由于一些千丝万缕的情愫，使得人在某种程度上乐意为别人而活着不得不为别人而活着。”人是社会的人，是具体的、历史的人，不可能独立于社会和他人而单独存在，恩情是一种朴素的伦理和道德情愫，它是联结人与人之间的一个良好的纽带，更是联结大到国与国、地区与地区、小到家庭与家庭、人与人，进而支撑起一个社会。一个国家或者一个人的生存与发展空间不可以缺少其国家与他人的帮助，这是由人的社会属性所决定的。感恩意识随着社会的发展而不断地发展着，由于社会和人们各方面因素的影响，感恩意识在一部分人身上出现了缺失。

国外感恩意识的形成与发展也经历了很长的发展时期。在西方的传统文化中一直存在着感恩的思想，但在社会文明比较落后的时代，感恩意识有很深的宗教思想，西方认为所拥有的一切都要感谢上帝。随着社会的发展进步，西方的感恩思想也结合了多种不同的学科，从多个领域丰富了现代的感恩思想。伟大的经济学家亚当·斯密最先对感恩思想进行了心理学分析，认为感恩是人类最基本的情绪之一，而且还提出了影响感恩表达与体验的一些因素，从心理学角度激发了感恩意识，这是对感恩意识世俗研究的开始。西方学者古尔德纳从社会学的角度对感恩进行探讨，他认为感恩是一种帮助人们维持互惠义务的力量，也是把人们与作为整体的社会联系起来的道德情感之一。20 世纪末，加利福尼亚戴维斯大学的埃蒙斯和南卫理工大学的麦卡洛教授通过大量具有代表性的数据对感恩情况做了深入分析，对感恩进行了一系列实证性研究，至今国外感恩意识的研究也在不断地发展着。

二、感恩意识的功能

感恩意识是责任意识、团结意识与自立意识的表现，良好的感恩意识对社会和个人的发展都具有巨大的作用，在社会主义和谐社会建设过程中，感恩意识的作用表现得更为突出。它引导人们形成正确的价值观念，评价人们的是非善恶，调节人与人之间的关系，推动社会主义文化的发展。

首先，感恩意识的导向功能。弘扬感恩意识的传统美德，让感恩意识凝聚人心，形成团结互助的良好风尚。充分发挥感恩意识的价值导向功能，让人们更加和善，家庭更加和睦，社会更加和谐。感恩意识是一种融合于人性之中的心理意识，它引导着人们对价值的态度、信念、支配着人的行为等。正确的感恩意识让人明白感恩对自己或者是对他人的重要意义，它是一种责任意识、一种独立意识、一种爱和善的表现。当人们的内心之中有了这种感恩意识，并且这种感恩意识占据着主导地位时，它就会时刻影响你的行为，将孝顺父母之心、对他人的感激之情自觉地转变成一种行动。同时，通过传播、发散、说明正确的感恩意识，激发人们欲做某些事情的行为动机，共同的感恩意识可以促使一部分人接受或肩负一些共同的使命，可以自发地为一个患者捐款，在他人有难之时共同伸出援手等行为都是不需要组织的团结力量。

其次，感恩意识的促进功能。良好的感恩意识能促进人们形成和谐的人际关系，加强人与人之间的沟通，增进互相之间的理解，人们真诚而友好地互相交流沟通，以恰当的方式处理问题，加深彼此之间的情感与信任度，改变自己的为人处世态度，形成和谐的人际关系。在社会中，热情、无私、和善的人总是受到大家的喜欢与欢迎，他们也有着良好的人际关系，而人们都对冷漠、自私的人敬而远之。原因就在于缺乏感恩意识的人总是给人一种冷冰冰的感觉，不太容易让人接近，从而在一定程度上造成人际关系的冷漠和紧张，也导致自己心情不愉快，进而影响自己的学习和工作。社会主义的新型人际关系是建立在平等、互助、协作、友爱、和谐等基础之上的。怀有良好的感恩意识，懂得用一颗感恩的心去回报对自己有恩和帮助需要帮助的人，能用一颗感恩的心去工作、学习、生活，他们心胸宽阔，善于理解人、原谅人。长此以往势必会形成良好而和谐的人际关系。中国社会主义文化建设要求提高整个中华民族的思想道德素质，而感恩意识的培养就是提高思想道德素质的一个重要方面。感恩意识是每一个人都应该具备的基本道德素质，良好的感恩意识有利于人们学会善待自己、尊重他人，进行必要的自我教育，有利于培养强烈的责任感与无私的奉献精神。而且，感恩意识促进良好心态的形成。心态即心理状态，是指人的心理活动在某一短暂时间内的相对稳定特征，如快乐、苦闷、紧张、失望和缺乏信心等。人们的心理状态受一定外界环境和主观反应的制约，外界环境的刺激或者是主观反应过程中的问题都使人们的心理状态不佳，特别是现代生活节奏的加快，竞争的日趋激烈，人们的幸福指数降低，感觉社会不公平等消极情绪。感恩意识能给人们一个全新的看问题的视角，维护人们内心的安宁、提高个人幸福充裕感。怀有感恩意识的人，感谢周围的人与物，深深地懂得没有他们就没有自己，是国家和社会提供了一个稳定的生活环境，是其他人给自己帮助，才有今天的和谐与美好。一个人会因感恩而感到快乐，一个不懂感恩的人，将不会了解什么是真正的快乐及满足。

最后，感恩意识的评价功能。感恩意识不仅对价值观念和人际关系的形成有引导和促进作用，还对人们的人格、生活态度和责任意识有着一定的评价作用。感恩意识是人格是否完善的一个标尺。人格是指人在社会生活中处理自己与自己、与他人、与社会的关系时所形成的一种稳定的心理和行为特征的总和。而完善的人格不是与生俱来的，是在不断地成长与发展过程中形成的，完善的人格不能缺少良好的感恩意识，只有拥有良好的感恩意识才能处理好人与人、人与社会的关系，形成一种良好的互动关系，并在不断的践行过程中内化为一种稳定的为人处世的特征。感恩意识也是衡量生活态度是否良好的坐标。感恩是一种处世哲学，是一种生活态度，是一种做人的境界。人的一生都会与自然、社会和他人发生各种各样的关系，无论是好的还是坏的，对这些问题的观点看法及选择，都取决于每一个人的生活态度。生活就是一面镜子，你笑，它也笑；你哭，它也哭。一个怀有感恩意识的人懂得理解、尊重他人，会自觉自愿地帮助其他的人，是一个受欢迎与被尊重的人。他有海纳百川的精神，会用一颗包容的心来接纳生活的赐予，更能理解和诠释生命的真谛。感谢生命、珍惜生命，只有珍惜生命，才能更珍惜和爱护他人，感谢他人对自己的付出，这才是生活中的大智慧。感恩意识不仅是一种良好的品德意识，也是一种责任意识。一个人只有拥有感恩意识才能体会来自社会的关怀，理解父母的艰辛，增强社会责任感。学会感恩的人，才能体会到个体的成长离不开他人的帮助，离不开社会关怀；才会树立自觉服务社会、建设社会的社会责任感，在实现个人价值的同时感觉到奉献的快乐。感恩意识是责任意识的诠释，感恩意识越深刻，责任意识就越强烈。

第二节　感恩意识的重要性

感恩意识是大学生形成良好德行的重要因素，它有助于大学生责任意识的增强，满足其身心全面发展的需要，使其成为德才兼备的社会主义合格人才。

一、有利于大学生责任意识的增强

感恩意味着承担，感恩意识促进责任意识的增强。有了感恩之德，会使我们增加信任、理解和宽容，不求索取及对等的回报，而只有无私地与人为善。有了感恩之责，会使我们更加真诚、公正，为社会承担应尽的义务，做出应有的贡献。大学生感恩意识的培养，促进他们对学习、工作具有高度责任精神，对国家、社会也能够尽职尽责。

一个拥有感恩意识的大学生能深刻了解父母的艰辛，所以他学会了为父母分担，做一些自己力所能及的事情；他也懂得老师的辛苦，所以他学会了尊师和努力学习；他明白同学和朋友对自己的意义，所以他学会了团结合作，学会了负责；他体会到了粮食来之不易，所以他学会了简朴，不奢侈浪费和增强了人情味和社会责任感。

二、有利于大学生身心的全面发展

高校的教育任务是将大学生培养成全面发展的合格人才，以满足国家、社会对人才的需求和大学生自身发展的需要。当代大学生是朝气蓬勃的一代，有着较强的权利意识、自立意识和开拓创新的精神，同时也是科学知识和专业技能的掌握者，但仅仅有专业知识教育人是不够的。通过专业教育，他可以成为一种有用的机器，但是不能成为一个和谐发展的人……他必须获得对美和道德上的鲜明的辨别力。否则，他连同他的专业知识就更像一只受过很好训练的狗，而不像一个和谐发展的人。感恩意识是大学生形成良好德行的重要因素，所以，对大学生感恩意识的培养极其重要。感恩意识让大学生能更好地适应自然、适应社会，促进身心和谐健康的发展，让他们懂得感恩、懂得回报，在生活、学习中都能在帮助别人与别人的帮助中拥有愉快的心情和满满的幸福感，成为“德才兼备”的社会主义接班人。

第三节　感恩意识的理论基础

在国内与国外、古代和现代的著作中，感恩意识都有着深厚的理论基础，我古代儒家的“仁爱”观阐释了感恩意识的伦理基础，西方人本主义心理学家马斯洛“爱的需求”说明了感恩意识的心理基础，马克思“人的本质”论述了感恩意识的社会基础，他们共同构成了感恩意识的理论基础。

一、儒家“仁爱”观是感恩意识的伦理基础

孔子儒学思想的核心是仁学。儒学的内容非常丰富，仁为天地之道，圣人之德，君子之性，庶民之归，其核心是爱人。仁，字从二从人，表示人与人之间的社会关系。一男一女，二人因爱而结合，则产生了社会细胞——家庭。由家庭而有父母子女，因而产生了慈孝友悌等伦理关系，推广上下则有君臣上下等政治关系，这就是社会。孔子就是从这一点看到了“仁”是一切社会关系的基础地位。他要求弟子“入则孝，出则悌，谨而信，泛爱众，而亲仁”。他认为，“仁”的根本是孝悌，人最大的恩情莫过

于给予自己生命的父母，只有先对自己的父母孝顺，尊敬自己的兄长，才能把家庭的仁爱推广出去，泛爱一切，怀有一颗仁爱之心，对所有人都施以爱。“恩者，仁也”，“恩”就是仁慈之心、爱人之心，“爱”构成了“恩”的本质。这种“仁爱”关系背后彰显了一个核心内容——感恩意识。只有对父母怀有感恩意识，随着“仁爱”之心的扩大，感恩意识才会逐步推及朋友、老师、社会和国家等所有帮助你的人及为你的生存与发展提供便利的一切事物。一个对自己父母都没有感恩意识的人，而能去感恩别人是很难想象的。以伦理为本位的中国古代社会主张百善孝为先，把孝看成最重要的事情，这种伦理规范给感恩意识提供了良好的基础。

二、马斯洛“爱的需求”是感恩意识的心理基础

美国人本主义心理学家马斯洛首创了“需要层次”理论，他认为人的需求构成了一个层次体系，他把人的需求划分为五个层次，认为人们满足了生理、安全的需要之后，人的需求层次就发展到了爱与归属需要，即个人对友伴、家庭的需要，对受到组织、团体认同的需要。如人希望归属某个团体，成为其中的一员；希望有知心的朋友和同事保持友好的关系；渴望得到爱并把爱施予别人。爱还包括被爱，并且他把爱和归属的需要看成人的基本需要。作为一个人，每天不仅仅需要吃喝，在生理、安全需要达到满足后，我们还需要爱与被爱。爱是每一个人基本的心理需求，爱是感恩意识的源泉。只有心中有爱，才会对现有的一切心存感恩；只有心中有爱，才会同情弱者，施予其恩惠；只有心中有爱，感恩意识才会源源不断地流露出，去满足心中有爱的人。

三、马克思“人的本质论”是感恩意识的社会基础

人之所以要感恩，要怀有感恩意识，这不仅仅是我们每一个人内心的基本需要，而且也是由人的社会属性决定的。马克思指出:“人的本质不是单个人所固有的抽象物，在其现实性上，它是一切社会关系的总和。”人的社会属性是人区别于动物的本质属性，而且社会越发展，人们之间的依赖性就越强，社会越发展，个人越是不能离开社会，社会越是赋予个人所不能单独产生的本质。因此，人只能是社会中现实的、具体的、历史的人。而且一个人活着不只是在为自己而活着，由于一些千丝万缕的情愫，使得人在某种程度上乐意为别人而活着，不得不为别人而活着，感恩就是情愫中的一种。大学生是现实社会中一个具体的、现实的个人，他无论是在家里、学校还是以后走向社会都不能成为一个脱离社会、脱离他人帮助的纯粹、抽象的个人，他的生存与发展需要他人的帮助与协作，需要阳光雨露的滋润。所以大学生就应该心存感恩，感恩帮助过你的人，感谢为你的生存和发展提供的各种条件；社会需要感恩意识的存在，

每个人都心怀感恩意识，人们才会感到希望和温暖，社会才会更加和谐。

第四节　培养大学生感恩意识的途径

大学生感恩意识的提升，不是一朝一夕或者是某个人单独就可以完成的任务，它需要家庭、学校、社会以及大学生本人相互促进来做出共同的努力。大学生感恩意识的增强要以高校的感恩教育为主导，家庭感恩意识的培养为基础，社会的感恩氛围熏陶为背景，大学生自我感恩教育为推动力，四位一体来共同推进。

一、充分发挥高校感恩教育的主导作用

感恩意识并非是人与生俱来的天性，它需要教育来点拨和引导。高校是大学生学习与生活的主阵地，学校教育也是对大学生进行教育的主要渠道，它也承担着完善大学生人生观和价值观的责任。因此，高校要对大学生进行有目的、有计划的感恩教育，通过丰富感恩教育的内容，拓宽感恩教育的手段与方法以及学校感恩环境的改善，对大学生的感恩意识进行指导与熏陶，来发挥高校感恩教育的主导作用。

（一）丰富感恩教育的内容

高校要以马克思“人的全面发展”理论为指导，加快转变高校的教育理念，丰富感恩教育内容，帮助大学生形成良好的感恩意识，将其培养成德才并重的社会主义合格人才。首先，高校树立“德智并重”的教育理念。近些年来，高校受一些社会功利思想的影响，教育出现“重智轻德”的失衡现象，忽视了教育的育人功能。当代许多教育家也认为至今我们仍没有走出“半个人的时代”，杨叔子院士指出了当今教育随着知识经济产生了“五精五荒”，即“精于科学而荒于人学、精于电脑而荒于人脑、精于网情而荒于人情、精于商品而荒于人品、精于权力而荒于道力。”

当然，大学生“失恩”的原因有很多，既有外部的社会原因，也有教育的自身原因，而教育的自身原因是根本性的。高校首先要走出“重智轻德”、重知识轻人文修养的教育理念，树立“德才兼备”的全面发展观念，学校的教育不仅要重视大学生知识、技能的培养，还要注重学生的心理、情感方面的教育，感恩意识的培养就是情感教育的一个重要内容。高校要逐步调整学校的教育理念，转变为“以学生为本”，将学生培养成既有知识才能又懂情重义的人，使其适合社会的发展、国家的期待、学生发展的需要。感恩是我们中华民族的传统美德，需要我们继承和发扬，但感恩的具体内容要融合时代的发展不断地更新，不断地充实。处于信息时代的大学生思想活、观

念新、信息灵，迫切要求课程内容鲜活、新颖、张扬、具有吸引力。因此，传统的感恩内容需要结合现代的一些问题进行调整，以满足大学生的求知欲，解决一些他们面对的问题。现今，感恩最急切的要求是生命教育、生态环境教育与传统美德和社会主义荣辱观的教育。人只有存在才可以谈得上是否感恩和具有感恩意识，以及是否懂得感恩。大学生珍视自我的生命，是具有感恩意识的基础。自然界是我们人类赖以生存的天然屏障，失去它人类就会走向灭亡，大学生要学会与自然和谐相处，学会尊重自然，这样人类的明天才会更加辉煌灿烂。高校应结合时代的发展要求以社会主义荣辱观教育为切入点，将其与感恩教育相融合，激发学生的爱国情感，增强民族责任感。

（二）创新感恩教育的方式

目前，很多高校的感恩教育停留在说教的教育层面上，采用陈旧的“灌输式”“填鸭式”的教育方法，使感恩教育变得枯燥乏味，感恩意识在大学生的心中只是轻轻飘过。因此，学校要采用多种教学方式来增强大学生的感恩意识。

首先，参加社会实践。所谓社会实践就是在教育者的指导下，通过有目的、有计划、有组织的社会实践活动，培养受教育者感恩意识和行为的教育方式。高校的感恩教育要遵循理论与实践相结合的原则，大学生毕业之后会走进社会，要将在学校中学习到的知识应用到现实社会。所以，他们学习到的理论知识要投入社会这个大课堂之中，来检测自己的学习成果。同时，大学生也具有很强的实践能力，这就让感恩教育的实践活动有较强的可行性。因此，学校要组织一些与感恩相关的社会实践活动，如带领学生参加社会劳动、社会志愿服务，帮助困难学生、孤寡老人，到偏远、贫困的地区支教等，给学生提供关爱他人、自我、社会的机会，懂得奉献自我的无私精神。只有投身社会大环境中，才能快速地提高大学生的感恩意识。

其次，创设教学情景。所谓情景教学就是教育者根据教育目的和受教育者的身心发展特点，有目的、有意识地创设贴近受教育者生活实际的情境，引导他们融入其中，激发他们的情感，鼓励他们自主选择正确的行为方式，从而形成良好的德行方法。这一方法为高校的感恩教育提供了有益的指导，让学生在轻松、好奇中得到教育。但感恩情景的创设要科学合理，所谓的科学合理就是感恩情景要来源于大学生的生活实际，情景不要太复杂且又能反映社会中的典型，要符合大部分学生的感恩意识水平，有讨论的可能性。课堂上教师可以指导学生对感恩时间进行讨论，来确定最佳的解决问题的方案，角色模拟亲身体验此时所处的环境，培养学生理解、体谅他人的良好品质，最后由教师做出总结与点评。

最后，疏导教育。疏导教育法就是教育者和教育对象之间通过平等的对话、思想交流，在教育对象充分表达自己的认识的基础上，教育者循循善诱，帮助教育对象学会正确分析问题、解决问题，引导他们从正确的立场去看待问题，帮助他们转变错误的观念和认识，从而达到教育目的的方法。目前，社会上人们的感恩意识还不是很浓厚，增强学生的感恩意识，疏导教育的方法显得尤为重要。通过疏导，可以帮助大学生正确认识社会上少数“失恩”的现象，让他们真正看到社会上有强烈感恩意识的集体和个人比比皆是，不懂得感恩的人只是少数。同时，让他们明白不感恩的行为最终会受到社会的“惩罚”，而时时刻刻能对自己严格要求，这既是社会对大学生的要求，也是大学生提升自我人格的要求。

（三）拓宽感恩教育的手段

大学生感恩意识的培养除了靠课堂感恩教育这一途径之外，还需要不断地进行拓宽。充分挖掘各学科的感恩资源，开拓网络感恩教育这一平台，并且还要让大学生参加劳动，通过这种方式来共同进行感恩教育。

首先，整合课程感恩资源进行感恩教育。学校教育根本在于“育人”，任何一门学科都承担着育人的责任，知识为教育所用，而非教育为知识所用。所以，要充分挖掘各种课程中的感恩资源，培养大学生的感恩情怀，增强大学生的感恩意识。语文中感恩的文章、政治课中感恩的事例、伦理学上的老幼尊卑、数学课上的投资计算，等等，都可以成为感恩教育的平台。学生参与到课堂之中不仅学到了科学知识，感恩意识也得到了良好培养。

其次，开拓网络教育载体。随着科学技术的高速发展，现今网络已经成为高校大学生获取信息的主要来源，这就为高校感恩教育增加了一种新的教育平台。通过加强和优化网络文化建设，充分发挥网络的教育和导向作用，建立融思想性、知识性、趣味性于一体的信息量大、覆盖面广、服务功能强、访问人数多的感恩教育网站，开展网上交流，加强感恩文化的宣传力度，进一步扩大感恩教育的影响面。例如，学校建立以感恩教育为主题的网站，每年都招聘一些感恩意识较高的学生和负责此工作的教师作为网站管理人员，这些管理者在收集与感恩相关的材料时无形之中也受到了感恩教育。管理人员定期地更新网站信息，搜集一些社会中典型的感恩案例进行讨论、交流。教师也可以通过与个别学生网络交流，及时回答和解决他们提出的问题，让他们在交流中提高自身感恩认识和明辨是非、分清美丑的能力。鼓励大学生写一些以感恩为主题的文章，学校对于较好的文章恰当地给予物质或者是精神上的奖励，这样既可以增强学生学习感恩内容的积极性，也可以锻炼学生的写作能力。

最后，以劳动教育增强大学生的感恩意识。劳动是人们一生中最重要的活动，是人们的生存手段，他们从中获得生存与享受所需要的东西的同时，也获得相应的精神回报。在劳动中感觉到收获的乐趣、付出的美好、别人给你的鼓励和赞许等。大学生们参加劳动，能使他们亲身体会到“一粥一饭，当思来之不易；半丝半缕，恒念物力维艰”的道理。参加劳动可以亲身体会到父母工作的艰辛、他人无私的奉献、保护环境的重要等在书本上无法体会的种种感觉。高校可以让大学生参加校园的劳动，打扫校园、植树、设立值日周等，并对先进的个人和集体给予表彰，让大学生在劳动中接受考验与锻炼，在活动中培养感恩意识。

（四）创造良好的校园感恩氛围

大学生仅仅将感恩的条文背熟，不一定能知道感恩。对于不少大学生来说“感恩”意识的形成除了需要了解感恩的条文外，还需要在良好的感恩环境中耳濡目染、感受效仿，在环境的熏陶下逐渐增强感恩意识。这就要求高校要搞好校园文化活动，充分发挥校园内的各种人文环境的熏陶作用。

首先，运用好高校校园宣传设施。各高校要利用好校园内的宣传设施，以此宣传积极、向上、健康的文化思想，还要开设与感恩相关的专栏，讨论与感恩相关的热点问题，弘扬正确感恩观，宣扬优秀的传统感恩思想，倡导大学生要继承优秀的传统感恩思想，摒弃不良的感恩行为。同时，也可以利用校园中的建筑、人物雕像等物质载体将尊师重教、关爱自然、珍爱生命等名言警句贯穿其中，让校园随处可以看到感恩的迹象。

其次，开展以感恩为主题的校园文化活动。利用母亲节、父亲节等节日开展孝敬父母、尊重长辈的主题活动，算算自己从小到大的经济账和父母对自己养育之恩的“流水账”，通过这一活动让大学生较为深刻地体会到父母无私的爱，了解父母给自己每一笔钱的背后都付出了诸多的辛酸，从而帮助学生树立合理的消费观，增强自我的责任意识和勤俭节约的精神。利用教师节，开展“感谢老师”“人生路上的良师益友”等尊师重教的演讲活动，培养学生尊师和努力学习的意识。组织学生下社区开展“手拉手”献爱心的活动，去看望养老院的孤寡老人，作为志愿者去参加义工、“感恩先烈、祭扫烈士墓”等活动，让大学生感受到尊重和爱戴关爱自己的人的重要性，以此来培养学生关心他人、关爱社会的良好习惯，珍惜今天的美好生活。

最后，建立完善的感恩评价体系。我国高校承担着为社会发展培养全面发展、德才兼备的合格人才的任务，培养的大学生不仅要掌握牢固的专业知识，还要求形成良好的道德素养。而目前我国高校过于重视大学生专业技能的培养、就业率的提高，在一定程度上忽视了学生道德素质的培养，导致大学生感恩意识缺失。因此，高校应该充分意识到培养大学生感恩意识的重要性。高校需建立一套比较完整的感恩意识考核体系，学校要时刻关注大学生感恩意识变化情况，把感恩意识作为大学生是否全面发展、合格毕业的一个衡量标准，并具体量化到“学分”和感恩“积分”之中，最后将大学生在校的感恩意识情况登记到学生的感恩档案之中，以此来规范学生的感恩言行。

二、营造良好的社会感恩环境

我国社会正处于转型时期，在内外因素的影响下出现了一些与社会不和谐的因素。社会上各种不良因素的增加，使一些奉献社会的人却得不到应有的尊重和报答，助人为乐反被冤枉成事件的罪魁祸首等不良现象的产生。这些不良现象对大学生造成了一定程度的负面影响，扰乱了大学生遇事的判断力，看到需要帮助的人不知道是否该伸出友善之手，使学校的道德教育在社会失范行为的影响下相互抵消。因此，社会要充分发挥正确舆论的导向作用，利用大众传媒的传播优势，营造良好的社会感恩环境，以此来促进大学生感恩意识的形成。

（一）营造良好的社会舆论导向作用

社会，它演绎人生百态，它是大学生体会感恩最生动、最复杂的大课堂。社会风气的好坏，社会各种事件的发生，给大学生传达了各种各样的教育信息。因此，让正确的感恩舆论观点来引导大学生对各种事件的观点与看法，阻碍一些错误思想观点对大学生的腐蚀，发挥社会舆论导向的作用是不容忽视的。要发挥舆论对大学生感恩意识的引导作用，就要旗帜鲜明地褒奖富有感恩意识和行为的好人好事，抨击一切不知感恩的丑恶现象，批评各种受恩不报的忘恩者，打击诬陷施恩者的卑劣行为，用正确的感恩意识武装人，用正确的舆论导向引导人。同时，社会要开设社会公民道德课堂，提高公民道德素养。尽管学校是大学生培养感恩意识的主阵地，但大学生也和社会有很大的接触，而且毕业后也会走向社会之中，在社会生活的时间较之学校要长很多，感恩意识也仍然在不断地发生着变化，但是由于中国教育的特点，许多公民在步入社会后就结束了自己的学习生涯，道德素养也由于社会氛围的影响、经济利益的诱惑而下降。他们的一些不好的语言和行为，对大学生的感恩意识培养产生了不良影响。人的所有的社会行为，都是在社会环境的影响之下，观察与学习示范行为得以形成或是提高的。对大学生而言，模仿在维持纪律和遵从社会规范方面颇为重要。因此，社会应该有继续教育的课堂来纠正一些成年人的行为，提高他们的道德水平，净化社会风气，为大学生感恩意识培养起到很好的示范引导作用；同时，也可以提高公民素质，达到公民终身教育的目的。

（二）发挥大众传播媒介的宣传力度

现在的社会是一个信息传播快速便捷的社会，大学生们通过各种传媒能获得来自社会的各种信息。大众传播媒介有着较强的监督功能、文化功能和舆论功能，因此，要利用好电视、广播、报刊、网络等传媒工具的优势，对一些感恩典型事例进行推广和宣传，让感恩的公益广告大面积进入电视台，在教材中添加当代社会一些感恩人物的典型案例，在社会中形成一种大力弘扬感恩精神的良好氛围；对冷漠无情、不懂感恩、不会感恩等现象进行揭露和批评；不图报的行为要及时给予肯定和赞赏，要给大学生树立感恩榜样，努力促进“我为人人，人人为我”的良好社会风气的形成。

三、重视家庭教育对大学生感恩意识培养的作用

它比社会教育和学校教育对学生的感恩意识影响更直接、更深刻。父母科学的教育观念和教育方式以及父母的榜样示范作用，都在无形之中促进学生健康感恩意识的形成。

（一）树立科学的教育观念

家庭是社会的细胞，家庭教育是大学生教育的基础环节。家庭教育的职能是十分明确的，即教会孩子如何“做人”，这是奠定孩子良好人格和个体社会化的基础。诸葛亮告诫子孙：“非淡泊无以明志，非宁静无以致远。”郑板桥说得更为明了：“读书中举中进士做官，此是小事，第一要明理做个好人。”

由此观之，应把做人作为家庭教育的主要目标。但是，现代许多家长对家庭教育的认识存在很大的片面性，把家庭教育仅仅理解为智育，这是家庭教育观念发生了错位现象——没有承担起做人的教育职能。现代的许多家长并不缺少对孩特别是城市里的父母很重视孩子的家庭教育，但他们却缺少对方法，盲目地按照自己的意愿来培养孩子，往往期望过高，与抹杀孩子接受教育的积极性，因此家长必须树立起科学的教育观念。无论是学校教育、社会教育还是家庭教育都要遵循全面的发展观念，要充分挖掘学生的潜质能力，力求他们在德、智、体、美、劳等方面都能得到充分的发展。家长要树立起科学的教育观念，让德、智均衡发展，注重技能的培养和人格的塑造一父母应该让孩子在家中做一些力所能及的事情，承担相应的责任，要让他们了解到每一件事都需要付出一定的努力，任何一样东西的获得都需要付出很多的努力，只有努力才会有收获，想得到就要付出。家庭的劳动也可以培养孩子的责任心，告诉他们享受权利的同时也要承担一定的义务。所以在今后，他们无论是在学习还是生活过程中不会一味地想索取而不知付出，不会不理解他人对自己的帮助和关心，会以一种感恩的心态来对待所拥有的一切。家庭教育为孩子迈向校园、走向社会奠定了坚实的基础。

（二）发挥家长的表率作用

孔子说“少成若性，习惯之为常”，年少时通过口耳相传、躬行践履的方式，能“培其根，固其本”。从中我们足以看出孩子早期教育的重要性。而父母在孩子早期习惯的形成过程中起着主导作用，不但要对孩子进行言语的教育还要培养孩子的实践能力、独立意识和责任心等。孩子的理性意识尚未形成，因此感性认识在孩子的认识过程中

起主导作用。其中家长的表率作用对培养孩子的感恩意识是极其重要的，言行举止能对他们起潜移默化的榜样教育作用。

首先，提升家长的感恩意识。家长的感恩意识如何直接关系到孩子感恩意识的培养，拥有正确感恩意识的家长，传递给孩子的是无限的美好与感激；感恩意识淡薄的家长传达给孩子的是无限的抱怨与沮丧。因此，感恩意识淡薄的家长要提升自己的感恩意识，将孩子培养成乐观、开朗、向上的人。广大家长要不断地学习和浏览感恩的内容，加强自身对感恩教育的认识和理解，参加与感恩相关的教育系列讲座，并且围绕感恩话题进行讨论，增强当代大学生感恩教育实效性等；同时，还要严格要求自己的言行，做到言行一致，经常对自己的感恩情况进行自我反思、自我感悟，这无疑为培养孩子的感恩意识打下了良好的基础。

其次，注重言传身教。孩子从小到大接触最多的就是父母，父母的一举一动、一言一行都对孩子产生潜移默化的影响。所以，家长在日常生活中，就得注意自己的言行举止，注重从思想上和生活细节上逐渐培养孩子的感恩意识。简单地说，教并不能真正增强孩子的感恩意识，家长只是告诉孩子要感激谁、为什么要感激，但从来不做出感恩的行为，这样会给孩子传达感恩只要藏在心里就可以的心理暗示，所以家长必须做到言行一致，对增强孩子的感恩意识起到榜样作用。在家里，家长可以让孩子做一些力所能及的家务劳动，让他们承担起一定的家庭责任，使其体会到今天的幸福生活来之不易、体验到父母的辛劳，使其养成勤俭节约、热爱家庭和生活的良好品行。

（三）改变家庭的教育方式

家庭的教育方式大致分为三种：专制型、民主型与放纵型。很多家长，其中不乏一些知识分子的家长，他们为孩子设计好一切，规定孩子要按事先画好的“地图”一步步地走下去，他们的初衷是好的，也可谓是用心良苦，可孩子是否会体谅你的良苦用心？答案是这种教育方式只会令孩子反感，使孩子感觉受到极大的约束，不能充分地自我发展。也有的父母依着孩子的性情、过分地溺爱孩子，无论孩子要什么都会尽其所能办到，长此以往，孩子学会了命令，似乎也忘记了或者是根本不知道作为儿女该如何来对待父母。所以家长要转变教育孩子的方式，坚持以民主的教育方式教育孩子，在家长引导之下结合孩子的实际情况以及孩子的个体意愿做出决定，以和谐的形式达到教育孩子的目的。

四、大学生要加强自我的感恩意识培养

大学生感恩意识的增强需要学校的教育、家庭的培养、社会环境的熏陶，但更重要的一点是大学生自身意识到感恩意识的重要性，并且自身能有意识地进行感恩意识

的培养。通过自我提高品德修养，进行自我感恩教育，增强自身的责任感，摆脱依赖的心理，来促进良好感恩意识的形成。

（一）提高大学生自身的品德修养

大学生良好的品德修养有助于大学生感恩情怀的产生、正确感恩意识的形成。但品德的修养需要经历一个长期的、反复的、逐步提升的过程。它需要大学生重视自身的学习，从书本中获取大量的相关知识，但这只是提高道德修养的第一步，依次还要通过内省、慎独和力行等环节来进一步加强。任何知识都需要通过学习获得，这是毋庸置疑的，大学生的品德修养也不例外。大学生需要从书本上、日常的生活中获得与道德品质相关的知识，注重道德教育的“自身学习”对每个大学生来说都是非常重要的，也是自我修养所必需的。当代大学生要努力学习中华民族的传统美德，认真学习“八荣八耻”的深刻内涵，不断增加知识含量，提升自身的素质，实现德、智、体、美、劳全面发展。现在的大学生大多是独生子女，他们形成了强烈的以“自我为中心”的思考模式，想问题、办事情以自己的利益为出发点，以自身得利与否作为自己判断人和事情的标准，感恩意识无从产生，严重缺少自省的精神。因此，意识和感恩行为进行自省，要深化大学生的内省意识，以自我为中心的思维模式，培养大学生推己及人的思考模式，以此来提高大学生的感恩意识。慎独的基本内涵是自律，无论是否有监督都能坚守自身的道德信念。坚持慎独精神，将他律转化为自律是提升大学生道德修养、培养大学生感恩意识的关键。大学生“身体力行”切身体验感恩，进一步强化了大学生良好感恩意识的养成。

（二）增强大学生自身的责任意识

大学生拥有责任意识是怀有感恩意识的一个显著体现，责任意味着承担，意味着懂得感恩。大学生要增强责任感，首先要懂得珍爱自己的生命，这不仅是对自己、他人负责任的表现，也是感恩的表现。珍视生命、爱惜自我是大学生拥有感恩意识的基础。放弃自我的生命，是懦弱、逃避现实的一种表现，是不负责任、不知感恩的体现。身体发肤受之父母，不应该轻易损伤，父母养育之恩，没有报答；学校教诲之恩，没有回报；国家培育之恩，没有回馈，怎么可以留下如此多的恩情离开人世？因此，大学生要养成做事之前要三思而后行的良好习惯，遇事要沉着冷静，积极寻求解决问题的方法，要学会挑战困难和挫折，不要轻易对自己说不，不要轻易放弃自己的生命，有太多的事情等你去做、也有太多的人等你去帮。大学生要积极参加校内、校外的实践活动，学会和他人和睦相处，在活动中逐渐培养与他人相处的良好方式，学会承担责任，以此来不断地增强自我责任感、锻炼自我的感恩品质。

（三）减少大学生自身的依赖心理

当代大学生的依赖心理极强，在家里总想依赖自己的父母，把所有的负担甩给父母，并视之为理所当然；在学校里想依赖老师，在老师的督促下才去学习，将学习当成一项自己极不爱完成的任务。缺乏独立性、缺乏自立意识，依赖思想和寄生心理严重，成为当代大学生们普遍的“通病”。为了减少依赖，逐渐培养自己的独立性，大学生需要树立远大的理想。大学生已经形成了较完整的人生观与价值观，自己的心目中都有一个既遥远又真实的理想，这理想成为他们不断追求的目标和不断奋斗的宗旨。远大理想的树立，是他们逐渐摆脱依赖心理的开始，他们在各种复杂的条件之中寻找着对自己实现理想的有利条件，学会利用各种条件和不懈追求的精神，不再一味地等、靠；在学校摄取的知识成为他们追求的巨大推动力。增强大学生的抗挫折能力，是大学生减少依赖心理的关键因素。受到家里不正确的教育方式影响的独生子女大学生，害怕失败，心理脆弱，承受不了较大的压力。因此，不断锻炼自己的意志力、增强抗挫折的能力成为他们的重要任务。他们靠着坚强的毅力和日常生活的锻炼，将自我教育成懂得主动付出、懂得回报、不再一味索取的社会主义合格的人才。

第六章　大学生感恩教育的文化动力概述

第一节　感恩教育与文化动力概述

一、传统的感恩文化

（一）传统感恩文化的内容

感恩是中华民族的传统美德，是中华传统文化的重要组成部分。我国传统的感恩文化在儒家思想中体现得最为突出。儒家创始人孔子从孝悌入手建构人伦道德秩序，以先天的“亲亲人伦”为解释框架，《论语・学而》记载：“其为人也孝悌，而好犯上者，鲜矣。不好犯上而好作乱者，未之有也。”随后孟子从主观方发展了孔子学说，将父子间天然的血缘亲情扩充推衍成人际间共享的道德，通过社会化的伦理制度来协调复杂的人际关系和频繁的利益冲突，“礼”渗透到社会的方方面面。《孟子・滕文公上》记载：“父子有亲，君臣有义，夫妇有别，长幼有序，朋友有信。”这成了儒家人伦道德的基本秩序和规范。

儒家学说所大力倡导的忠、孝、节、义等人伦道德准则，都是以恩情为基础和核心，并且极大地体现了古代伦理社会感恩的互动性、私人性与等级制度。首先，传统的感恩文化建立在“给予—回报”的互动之间，从感激父母的生育之恩发源，“父兮生我，母兮鞠我，抚我畜我，长我育我，顾我复我，出入腹我，欲报之德，昊天罔极。”随后扩展到他人、社会组织之中，以尽人伦之责任。如《孟子・离娄下》曾言：“君之视臣如手足，则臣视君如腹心；君之视臣如犬马，则臣视君如国人；君之视臣如土芥，则臣视君如寇仇。”其次，传统的感恩文化多囿于私人之间，体现了“亲亲人伦”的天然的宗法情感，虽然后来不断扩展到君臣之间、夫妻之间以及朋友之间，但都以互动双方的人伦情感为基础。同时，传统感恩意识的私人性还体现于感恩情怀的自我修养。

儒家伦理深信人性中具备了道德的一切要素和可能，人要实现理想人格就必须在社会实践中注重个人品德的修炼，加强自律，常怀恻隐之心，感念父母、君臣、朋友及国家所给予之恩情。传统的感恩文化带有明显的宗法等级。儒家学说认为伦理规则与政治制度为一个相互交融的统一整体，家国虽异质却同构。个人不具备独立的社会政治身份，每个人的地位取决于其伦理身份，即个人作为父子、兄弟、夫妻的血缘身份，而且只有依据自己的身份或角色履行人伦之责。

（二）传统感恩文化的优劣

我国传统的感恩文化根植于儒家文化之中，以人伦责任为情感基础，与政治世界融为一体，有其自身的优势与不足。优势主要表现在如下方面：首先，充满了亲情人伦的道德关怀。感恩文化在儒家“仁爱”思想的培育下具有浓厚的人情味，体现了人与人之间情感的良性互动，同时它将忠君与爱国连在一起，一定程度上缓和了森严的君主等级制度下的种种矛盾与冲突，有助于国家统一、民族团结和社会稳定，是我们爱国主义思想的宝贵源泉。其次，儒家文化强调人性的自我修养，对人的全面自由发展具有推动作用。对于传统儒学而言，仁的能动性源于人性，感恩的实现在于主观的自律，即强调个体自身内心的道义生成。

传统感恩文化在具有自身文化优势的同时也有着不足之处，主要表现为：首先，儒家文化将感恩意识扩大到最大化并且与宗法等级制度联系紧密，使得感恩意识走向了人道的另一个方面，即等级之间充满恩情的无条件地服从，以恩情和地位为标准，肯定了人格的不平等，排斥了在下位者的权益要求，允许了权益的不平衡。其次，由于传统感恩文化建立在以“亲情”为基础的人伦规则之上，囿于私人的感情账内，公德意识相对薄弱，感恩意识在社会公共秩序和环境保护等公益性问题上得不到体现。

二、文化动力的理论渊源与内涵

（一）文化动力的理论渊源

文化动力理论直接来源于马克思主义的社会发展动力系统理论，它是历史唯物主义的重要内容。在该理论中，马克思与恩格斯认为人类生活需要是社会发展的原动力，阶级斗争是阶级社会发展的“直接动力”，社会革命是“历史的火车头”。历史的发展是“合力”作用的产物，历史最终的结果总是从许多单个意志相互冲突中产生出来，而其中的每一个意志，又是由于许多特殊的生活条件才成为它所成为的那样。这样就有无数互相交错的力量，有无数个力的平行四边形，由此就产生出一个合力，即历史结果。而这个结果又可以看作一个作为整体的不自觉地和不自主地起作用的力量的产物。

其中，马克思与恩格斯还深刻地揭示了人类社会发展的根本动力在于生产力与生产关系、经济基础与上层建筑之间的矛盾运动。恩格斯晚年针对有人将历史唯物主义歪曲为"经济唯物主义"的谬论，进行了坚决的回击，指出"无论马克思或我都从来没有肯定过比这更多的东西。如果有人在这里加以歪曲，说经济因素是唯一决定性的因素，那么他就是把这个命题变成毫无内容的、抽象的、荒诞无稽的空话。"经济状况是基础，但是对历史斗争的进程发生影响并且在许多情况下主要是决定这一斗争的形式的，还有上层建筑的各种因素：恩格斯在全面地考察、研究社会历史进程中各种因素的交互作用后，明确提出上层建筑对经济基础起反作用的观点，指出起"政治、法、哲学、宗教、文学、艺术等的发展是以经济发展为基础的。但是，它们又都互相作用并对经济基础发生作用。并非只有经济基础才是原因，才是积极的，其余一切都不过是消极结果"。并且恩格斯认为产生于物质基础之上的上层建筑已经成为一种相对独立的社会力量，"因此，经济上落后的国家在哲学上仍然能够演奏第一小提琴。"

纵观人类社会发展历史，我们会发现：历史的轨迹并非匀速直线发展，而是呈现迂回向前的状态，有前进、有后退、有跨越也有停滞，这一定程度上反映了上层建筑对于经济基础的巨大反作用与对社会发展的重要影响。18 世纪法国的"启蒙运动"、我国现代的"五四运动"等正是鲜活的例子。马克思曾将人类的历史概括为三大社会形态：人的依赖关系是最初的社会形态，以物的依赖性为基础的人的独立性是第二大社会形态，建立在个人全面发展和他们共同的社会生产能力成为他们的社会财富这一基础上的自由个性是第三大社会形态。也就是说寻求人类自由、全面、充分的发展是社会发展的最终形态。在社会形态发展的过程中，随着人类文明的进步和素质的提高，精神文化的作用日益突出，并发挥着越来越重要的作用。社会力量完全像自然力量一样，在我们还没有认识和考虑到它们的时候，起着盲目的、强制的和破坏的作用。但是，一旦我们认识了它们，理解了它们的活动、方向和作用，那么，要使它们越来越服从我们的意志并利用它们来达到我们的目的，就完全取决于我们了。可见，随着人类文明程度的不断提高，文化作为社会发展的动力源之一将扮演着更为重要的角色，推动着社会的发展。

（二）文化动力的内涵

文化动力，顾名思义就是文化对推动事物发展所具有的动力作用。近年来学术界对于文化动力的研究逐渐增多，出现了许多说法，如"文化力""文化生产力""文化国力"等。在我们系统认识研究"文化动力"的内涵之前，首先应明确此概念中"文化"的含义。文化是一个伴随着人类社会发展而不断丰富的博大精深的概念，学术界对此有几种说法：两分说，即物质文化和精神文化；三层次说，分为物质文化、制度文化、精神文化；四层次说，即物质文化、制度文化、风俗习惯、思想与价值；六大子系统说，即物质、社会关系、精神、艺术、语言符号、风俗习惯等。结合学术界各学者的观点以及本书的研究内容，在此对文化做两个含义的认识，即广义的文化与狭义的文化。根据《现代汉语词典》，文化是指人类社会整个发展过程中所创造的物质财富和精神财富的总和，即广义的文化是指人类社会全部的物质活动过程、精神活动过程及其创造物，涉及人类生活的方方面面。其主要包括了四个层次：一是物态文化层，由物化的知识力量构成，是人的物质生产活动及其产品的总和，是可感知的、具有物质实体的文化事物。二是制度文化层，由人类在社会实践中建立的各种社会规范构成，包括社会经济制度、婚姻制度、家族制度、政治法律制度、家族、民族、国家、经济、政治、宗教社团、教育、科技、艺术组织等。三是行为文化层，以民风民俗形态出现，见之于日常起居动作之中，具有鲜明的民族、地域特色。四是心态文化层，由人类社会实践和意识活动经过长期孕育而形成的价值观念、审美情趣、思维方式等构成，是文化的核心部分。而狭义的文化是相对于物质文化而言的，以一定的社会生产方式为基础发展起来的精神领域的活动过程及其创造成果。狭义的文化排除了人类社会、历史生活中关于物质创造活动及其结果的部分，专注于精神创造活动及其结果，主要是指心态文化。鉴于本书的研究内容，本书所指的文化及文化动力是指狭义的精神领域的文化。

其次，文化动力的内涵。文化动力理论起源于马克思主义的社会发展动力系统理论，在对经济基础与上层建筑相互关系的研究中，恩格斯明确肯定了上层建筑对社会发展具有不可替代的推动作用。随着社会生产的不断发展，人类逐渐从物质生产活动中解放出来，整个社会成员的文化素质不断提高，人类将更多的精力投向了更高层次的精神追求，促使精神生产的规模和质量不断向新的更高的水平发展，上层建筑特别是精神文化对人类社会的进步也发挥着越来越重要的作用。正如美国著名的未来学家阿尔温·托大勒所言："我们已进入了一个文化比任何时候更重要的时期。"文化动力概念在时代的召唤下应运而生。

美国文化人类学家博厄斯最早提出了"文化动力"的概念，他指出"每个文化都是一个整体，它具有决定由个体分子所组成的群体的行为的动力"，即肯定了文化的动力来自文化自身整体。这一观点的提出极富启发意义，随后众多文化人类学家对"文化动力"展开了研究。马林洛夫斯基在《文化论》中指出：这恐怕就是文化最大的创造力和人类进步的关键。文化把人类提高于禽兽之上，并不是由于给人类以其所能有的东西，而是指示给他看其所能奋斗追求的目标。渐渐的，学界将文化动力研究专注于人类历史和社会发展的原因和动力，指出绝不能以静止不动的目光来看待文化的发展，应认识到文化变迁发展对人类和社会的推动力。综合学术界各学者的观点以及本书的研究内容，笔者认为，文化动力是人类精神领域的活动及其成果对于人类活动和发展所具有的激发、推动和维持作用，主要包括个人的信念、情感、意志和社会教育、科学、风俗等精神因素对于社会进步和人类发展的向前推动作用。

最后，文化动力的特征。文化动力是文化本体在发展、传播过程中通过与人和社会的相互作用所产生的向前推动力，因而有着鲜明的自身特征。其一，在内容性质上，文化动力具有先进性、丰富性和趋前性。文化是时间与空间积淀的精华，是被历史和现实证明了的先进的思想，文化动力以先进的文化为本体对人产生积极的、进步的影响。文化动力以丰富的文化内容满足了人们的精神需求，点亮了人们的文化生活，推动着人们内心文化素养的自觉养成。文化不仅反映了历史，同时也预示了未来的发展方向，对人类社会的发展具有指导作用，文化动力即通过文化的趋前性引导人们形成适应社会发展的文化心理认同。其二，在作用方式上，文化动力具有动态性、渗透性和感染性。文化本质上具有无限发展性与无限创新性，文化总是处于一种不断更新的动态运动过程中。文化动力以文化为载体，不断地发展更新，在其发展变迁过程中推动了社会和人类的发展。并且文化动力从人的发展与需求角度出发，强调文化与人成长的同步性和长久性，注重文化对人影响的时间感和空间感，以渗透和感染的方式实现对人发展的推动。其三，文化动力具有整体性。文化本身是一个庞大的思想系统，它是由无数的单个的文化因素所构成的，具有整体性。文化动力正是借助文化本体和作用途径的完整性对人的思想产生影响。这点也恰好迎合了中国人思维习惯的整体性。有学者曾指出，中国人与西方人在思维方式上不同，中国人重整体、重系统，喜欢做定性分析，这反映到了人们生活的方方面面。比如中国人的姓名，是先整体后个别，即代表家族的姓氏在前、个人的名字在后；中医是以系统的思维诊疗病人，将人看作由各部分器官组织有机联系的整体，通过对全身系统的调理来治疗具体器官的病症等。文化动力通过文化给人以整体性的渗透，潜移默化地教导着人们的文化素养的形成。

三、文化动力对人的作用

（一）文化渗透力源源不断地提供给人精神动力

文化对一个人、一个民族的发展来说是至关重要的，一个有着先进文化的民族不仅能抓住自己民族传统文化的根底，同时又能前瞻性地应对生存和发展问题，丰富人们的精神世界，凝聚成主体内在的前进的精神动力。随着知识经济时代的到来，文化的发展被提到了越来越重要的位置。有学者认为世界各国在 19 世纪进行的是生产力的较量，20 世纪进行的是制度的较量，而 21 世纪进行的却是文化的较量。同时，联合国教科文组织在《文化政策促进发展行动计划》中也明确指出：“发展可以最终以文化概念来定义，文化的繁荣是发展的最高目标。”

随着全球化、信息化、网络化的发展，如今民族与民族之间、人与人之间的竞争，更多地体现了文化的较量。美国当代著名的国际关系理论学者菲茨杰拉德曾把文化比作“一个框架”，“框架内的人们推断出自己是谁、应该怎样行动，还有要去什么地方”，即强调人们具有什么样的文化，就会有什么样的角色定位、行为方式以及发展前景。文化决定着思维的高度，影响着行为的方式，指引着前进的道路。大学作为社会先进文化的引导者、青年文化的教导者，理应为大学生筑造起“精神的空间”，教化学生获得思想的开豁度，包括崇高信念对精神空间高度的延展，理性思维对精神空间的结构性支撑，情感欲望高尚化对精神空间厚度的积累，以及所有这些文化素养的相互渗透，整合成一个有力的精神性存在。

大学教育不仅要教给学生先进的科学文化知识，还要让青年人在进入社会之前获得一种精神的高度，一种可以转变为源源不断的动力的精神文化泉眼。文化的习得并非传统意义上狭隘的教育，囿于教与学的模式之下，它强调对个体潜移默化地渗透和感染。它是主体有意识或无意识地对外界精神成果的吸收，是主体为了生存和发展所必要的动态的精神需求，就像人的呼吸一样，对于空气的呼吸是主体为维持生命潜意识的行为，但又是自然的无意的举动。社会的文化提供了个人赖以生存创造的原材料。如果文化贫瘠，个人便会受害；如果它丰富灿烂，个人便可得到大大发展的机会。文化就是以这种渗透的方式“滋养”着人们生活的方方面面，为人类的生存、发展提供着源源不断的精神支持，为人类与社会的进步搭建了思想的基石。

（二）文化感染力深切细致地给予人情感关怀

据专家考证，“文化”在中国汉语系统中是古已有之的词汇，它的本义是“以文教化”，即对人的性情的陶冶、品德的教化以及情感的关怀。文化本身即具有关怀人情感的特质，在以“仁爱”立身的中华民族传统文化中表现得尤为突出，它不仅强调文化对人发展的影响，更强调文化对人情的终极关怀。中华民族传统文化的关怀意识最早源于孔子的“己欲达而达人，己欲立而立人”。孟子在《孟子·梁惠王》中也提出：“老吾老以及人之老，幼吾幼以及人之幼。”这些古训都积极倡导了人与人之间的情感关怀与和谐共处，它以文化的感染力深切地触摸到人类社会彼此之间的情感交流，呼唤着人与人之间的情感关怀。这也是基于文化内容本身所倡导的对人们的情感关怀。

在如今精神文化高度发展的时代背景下，文化已经不是少数人的追求，而是成为普通大众的精神情感需要，体现了人最基本的学习权利与尊严。面临着全球知识经济时代的到来，社会对人们的文化素质要求越来越高，不仅仅是科技知识的要求，还有面临巨大社会压力的精神心理要求，因而人们对文化所给予的支持与关怀抱以了更大的期待。文化运用其自身所独有的感染力直接触及人的内心需求与情感体验，丰富人们的生活、充实人们的精神，向人们提供了一种更为健康、平等、细致的情感关怀。

积极健康的文化氛围，丰富多彩的文化活动对于提升人们的生活品质、强化大众的精神情感具有重要的作用，范仲淹在遥想洞庭湖气象万千的景致时，挥笔写下了

“先天下之忧而忧，后天下之乐而乐”的千古名句流传至今，激励了无数仁人志士前仆后继地投身到为国奋斗的队列中去。人们不仅是感慨于范仲淹的一份大爱，更是因为其中寄托了诗人和世人的无限情感。在 2009 年，中华人民共和国成立六十周年之际，国家在全国两万多个农村数字电影放映点放映《建国大业》等多部国产影片，让群众共享祖国发展带来的文化成就。近年来，国家陆续出台了一系列文化“惠民政策”，加强了对人民特别是广大农民的文化关怀，积极建设文化基础设施，多次组织“文化下乡”活动，受到广大农民朋友的热烈欢迎。正是因为政府进行的各项文化惠民措施，使得很多农民在农闲时摆脱了赌博、迷信等不良活动，情感需求得到了满足，逐步形成了健康、向上的生活方式，体会了文化给予的情感关怀。

四、文化动力对高等教育的影响

文化对社会发展所具有的动力作用，已经得到了世界各国的普遍重视。而高校作为社会先进文化的传承者和创新者，文化更是其存在和发展的根本。纵观世界一流大学，其都具有自身独特的文化品质，以此为大学精神的核心与依托，在实践中不断地发展、完善自身的文化内涵，成就了大学的一流与辉煌。

（一）文化动力对国外高等教育的影响

众所周知，美国的高等教育在世界范围内是首屈一指的，拥有哈佛大学、耶鲁大学、斯坦福大学、普林斯顿大学等一大批国际一流院校。国内多数学者在研究美国知名院校的成功案例时都浓墨重彩地提到了美国高校雄厚的教育经费，不可否认，坚实的经济基础对于高校的发展具有重要的作用。但是纵观美国高校的成长历史，我们会发现很多名校在建校之初处于经济极度紧张的殖民时代，然而，一大批院校却能克服各种困难，逐步地壮大。其中欧洲大学的文化传统、西方浓厚的宗教文化和办学者坚定的文化信仰起了决定性的作用。英国著名学者阿什比曾指出：“任何类型的大学都是遗传与环境的产物。有着其自身的时空环境与特征。”

首先，欧美高校继承了欧洲大学最早的办学传统和民族的宗教文化。公元 1000 年，意大利半岛诞生了近代最早的大学，积极推崇自由思想，随后“文艺复兴”在意大利兴起，一场浩大的文化运动催生了资本主义经济的发展。此后欧洲大学一直秉持着最根本的文化价值取向，即高校的自治权和学术自由。同时西方自由的宗教信仰政策，也影响到了高校的发展，早期各宗教派别的竞争和扩充使得他们掀起了一股建校热。美国历史学家丹尼尔·布尔斯廷在谈到宗教文化对美国高等教育的影响时说：“在殖民地时期，这种教派精神就造成了高等学府林立并且相互竞争的局面。建国初期这种局面依然存在。无论赞成还是反对宗派影响的人都一致认为，不管是好是坏，美国高等学府林立是这种教派精神的产物。”因此，西方文化的发展是高校诞生和立身的根本动力。

其次，国外高校适应了自由的民族文化环境。以美国高校为例，各高校秉承了自由的民族文化特质，极力推崇学术自由与独立自治。在美国人看来“独立于那些凌驾于你之上的有经济实力和政治权力的人、独立于那些试图限制你言行的人的自由”是他们最为深切的文化信仰。正如哈佛大学原校长科南特所言：“大学的荣誉不在它的校舍和人数，而在于一代代教师的质量。一所真正伟大的学校，应该犹如一个核心，能聚集来自各地的自由思想者。”也正是高校独立的学术自由，造就了高校的一流。

（二）文化动力对国内高等教育的影响

中华民族五千年的悠久历史积淀了民族伟大的文化传统，培养了中华儿女勤劳、奋进、不屈不挠的民族精神。在近代，伴随着民族文化的觉醒和多元化文化的发展，高等教育也不断地走向进步，形成了自身个性化的文化精神。“兼容并包”的北京大学、“严谨谦逊”的清华大学、“开拓笃实”的南开大学、“求是创新”的浙江大学等都承载着民族的文化和各自的历史，向世界一流大学迈进。

爱国进步的民族精神是国内高校励精图治、迎难而上的原动力。近代鸦片战争时期，为挽救民族危亡，担负起拯救中华的历史责任，很多高校相继建立，期望通过文化的力量，唤起中华民众的觉醒与斗志，最为典型的是北京大学。北京大学的前身京师大学堂是中国近代最早的国立大学。当时许多留学归来的有识之士都认为：“鸦片战争以及以后的一系列失败，与其说是技术不如人，社会制度不如人，不如说是教育不如人，因为只有教育才是造就人才的机关，缺乏人才，什么也无用。所以，西方的胜利，实际上就是西方教育制度的胜利。”因此，北京大学在建校之初即担负着救亡图存的历史使命。随后，为改变中国落后而黑暗的社会状况，北京大学毅然地挺身而出，成为“五四运动”和“新文化运动”的重要战场，高举着“民主与科学”的大旗，带领着社会朝着进步的方向迈进。

崇尚科学的文化信仰是国内高校与时俱进、不断进取的不歇动力。一代教育大师蔡元培先生曾指出：“大学者，研究高深学问者也……请君须抱定宗旨，为求学而来。”追求学问，崇尚科学是高校发展的根本，建立于 1911 年的清华大学就是很好的例证。当时清政府利用美国的“庚子退款”创办了清华大学，对美人来说，他们的目的即是扩张美国文化，挫伤中国的文化传统，然而国人此时保持了清醒的头脑，一致将此看作是“国耻纪念碑”，励精图治，激励着清华学子一心向学，以雪国耻，在其发展过程中培养了高度的文化自觉，形成了自身严谨、求实的学术精神。之后清华大学更是将其尊崇科学的文化精神践行得淋漓尽致。特别是在抗日战争和十年“文化大革命”期间，清华人面对恶劣的社会环境和各方面压力所表现出的对于科学的不竭追求的精神，感染、鼓舞了一代又一代的清华学子，推动了清华大学在科学研究方面的巨大发展，培养了一大批实干家与工程师，成为科学人才的圣地。

第二节　感恩教育与文化动力

一、大学生感恩教育心理的现状分析

（一）大学生感恩文化的缺失

个体和谐发展的思想基础是和谐文化，感恩文化作为和谐文化的重要组成部分，为个体感恩意识的培养奠定了良好的心理基础，提供了不竭的发展源泉。坚定的文化信仰给个体的认知、情感、实践提供了有力的支撑。我国自古以来就具有感恩的传统美德，在儒家学说以人伦建构的社会体系中，感恩是贯穿社会方方面面的核心情感，感恩意识的最大化是儒学文化的重要特色。然而，进入近代以来国人感恩文化心理一再受到威胁，生活在全球化、信息化、网络化高速发展时期的当代大学生在一定程度上甚至出现了感恩文化的断层。

伴随着当今社会发展节奏的加快，文化代谢周期也越来越短 . 西方强势文化以井喷之势出现在大学生的面前。在传统文化缺位的情况下，西方某些诸如“金钱至上”“利益第一”的不良思想不断地模糊大学生的道德标准，社会风气的败坏，“农夫与蛇”故事的不断上演也从实践上不断地打击着大学生的文化信念，造成感恩教育与社会现实的巨大反差，以致对感恩文化产生排斥。同时在社会新旧交替的转型时期，与当前社会发展相适应的新的感恩文化体系还未建立，造成许多大学生思想开始迷茫以致出现感恩文化的空场，对大学生健康人格的形成极为不利。

（二）大学生道德情感的需求

人本主义心理学派代表马斯洛提出了著名的“需要层次论”。他认为，人具有五种基本的需要，即生理需要、安全需要、归属和爱的需要、尊重的需要以及自我实现的需要。这五种需要由低到高成一个层次分布。其中生理需要、安全需要、归属和爱的需要以及尊重的需要是人的缺失需要，即人的生存所必需的，对个体的身心发展是非常重要的，当其产生后必须得到一定程度的满足。而恩情就是人与人之间爱与尊重的需要。

感恩是人的情感的交流，当一个人接受别人自愿、真切的恩惠与方便时能够从中体会到一种愉快、温暖的情感与他人对自己的尊重，同样当个体因为自身的恩惠而收

到别人的报答时也能感受到彼此之间传递的温情。心理学研究表明，当一个人收到他人的感谢时，能够感觉到他人对自己及其行为的尊重。感恩教育是一种道德的教育，更是一种情感的教育，在感恩行为中体会到温暖与尊重。同时，文化知识，还要拥有完整的人格。因此，感恩意识的培养是人道德发展所必须的内容。

二、感恩教育对文化发展的影响

（一）充实了大学文化的内容

大学文化是从属于社会文化的一种亚文化，是社会先进文化的重要源头，它受社会文化影响的同时又具有自身的独立性。大学文化是一所学校所具有的特定的精神环境和文化氛围，对学校的发展起着至关重要的作用，它体现了一所学校的生命力和发展的可持续性。近年来，对于如何建设好大学文化学术界展开了广泛的讨论，提出了很多具有建设性意义的学术观点，取得了较大的成绩。学者们普遍认为大学文化是一种多样的、批判的、创新的文化。大学文化应该关注于学生，服务于人的全面发展；应该立足于时代，体现时代精神的需求；应该放眼于未来，引领社会文化发展的方向。

近年来大学生感恩意识淡漠的事例不少，从一定程度上反映了大学文化在感恩教育上的缺失。高校德育在积极关注大学生理想信念、民族意识等传统教育内容的同时忽略了对于学生感恩意识的培养，缺乏了对于社会不良思想的时代性的掌握，使得学生的思想在功利化的社会氛围中深受其害。感恩教育的提出，填补了大学感恩文化的空白，充实了大学文化的内容，对大学文化的发展具有积极的推动作用，同时大学文化也促进了高校感恩教育的发展。

（二）扩大了大学文化的影响

大学文化是社会先进文化的代表，是社会文化发展的指明灯，在社会思想文化运动中担任着先锋角色。19 世纪自由教育的伟大倡导者纽曼在其《大学的理想》中指出："大学教育的目的是训练良好的社会成员，提升社会格调。大学为社会做出示范，指导社会文化的发展；大学向社会输送文化，增加社会文化的活力。"大学为社会培养人才，传播先进的文化理念。大学文化以各种各样的方式服务并影响着社会文化。

高校通过感恩教育建设，营造浓厚的感恩文化氛围，辐射社会文化；培养具有感恩意识的大学生，让他们学会从自己做起、从身边的小事做起，感恩他人、感恩社会、感恩自然，从而唤醒身边人的感恩之心，做感恩文化的示范者与传播者。通过大学感恩文化的传播和实践，让社会其他成员真切地感受到大学文化对于人素质的提高和社会进步的推动作用，从而扩大大学文化的影响力。

三、文化动力对感恩教育的作用

（一）激发了大学生的文化需要

需要是个体为了生存和种族的延续以及更好地参加社会生活的种种必要条件在头脑中的反映所引起的一种生理或心理不平衡状态，也就是一种欲求状态。根据马斯洛提出的“需要层次论”，自我实现的需要是人的成长需要，是人们通过学习以使自己的价值、潜能、个性得到充分而完备的发挥、发展和实现。大学生是社会成员中受过良好教育、具有较高素质的一个群体，他们正处于长知识的重要时期，对世界充满了新鲜感和好奇心，求知欲旺盛，自我实现意识强烈。在人的自由、全面发展理念的教育下，在自身道德文化的推动下，他们对感恩文化充满了好奇与渴望，对中华民族传统文化的精华充满了期待，希望通过进一步的文化学习与熏陶实现自我的全面发展。美国著名成功学家安东尼·罗宾曾指出：“成功的第一步就是现存一颗感恩的心，时时对自己的现状心存感激，同时也要对别人为你做的一切怀有敬意和感激之情。”随着大学生自我感恩文化的不断充实，也将由此迸发出不竭的文化动力推动着感恩文化和自身文化修养的向前发展。这也正好印证了马斯洛对于成长需要的特征描述，即“成长需要是不断产生的，很少能得到完全的满足，一个需要满足了新的需要马上可以产生。”

（二）推动了大学生的文化自觉

“文化自觉”是我国学者费孝通先生在全球化时代背景下，在文化转型期所形成的学术反思，是“生活在一定文化中的人对其文化有‘自知之明’，明白它的来历、形成过程、所具有的特色和它发展的趋向，不带任何‘文化回归’的意思，不是要复旧，同时也不主张‘全盘西化’或坚守传统自知之明是为了加强对文化转型的自主能力，取得决定适应新环境、新时代文化选择的自主地位”。

当今世界跨文化交流、发展已经成为世界的一个主要趋势，文化的交流对于发展中国家不仅是机遇，同时也是挑战。文化自觉的提出是文化发展的必然，是我国面对文化危机所作出的充满文化现实关怀的精神探索，是人类文化水平提高后对自身文化发展的理性思考。费孝通先生指出：“文化的生和死不同于生物的生和死，它有它自己的规律，它有它自己的基因，也就是它的种子……种子就是生命的基础，没有了这种能延续下去的种子，生命也就不存在了。文化也是一样，如果脱离了基础，脱离了历史和传统，也就发展不起来了。因此，历史和传统就是我们文化延续下去的根和种子。”有学者曾指出，人与动物有一个重要区别，即动物只有空间感而没有时间感，但人空间感和时间感都有。时间感需要高级的综合直觉，尤其是历史记忆。因此，征服一个民族，直接的手段是剥夺其独立生存的空间，更彻底的方式则是抹掉人们心中的时间、历史的传统，也就是文化的根。高校感恩教育在牢牢抓住中华民族传统感恩文化血脉的基础上，有选择性地吸收西方先进的感恩文化，培养大学生理性的文化思维。同时，当代大学生面对着世界多元的文化激荡，作为社会先进文化的传承者、创新者，在自身文化水平的推动下，应主动形成理性的文化自觉，在传统文化的根基上吸收先进的外来文化和创新性文化，形成适应环境要求、时代发展的新文化，增强文化选择的自主性。

（三）促进了大学生的感恩行为

根据学术界对于文化动力的研究，人们普遍认为文化对于人类活动行为具有激发和推动作用。心理学研究表明，人的行为的做出是综合内心需求与外界影响所作出的复杂的利益选择。以我国古代社会人们的感恩意识为分析对象，我们发现，当时人们强烈的感恩意识的发展有着良好的心理基础和外部条件。首先，占据社会文化主导地位的儒学以“亲亲人伦”为道德基础，构建社会化的人伦制度，血脉亲情和相互情谊成为感恩行为的情感文化保证；其次，“三纲五常”、等级地位的约束构成了感恩行为外在的制度化的规范；最后，古代社会人伦制度与政治世界的相互统一，使得政治化的社会表彰成为人们感恩意识的强心针。在此我们并非是强调古代感恩模式的优越，而是取其精华，以弥不足，以此证明文化对于感恩行为的发生具有的重要作用，充分地认识并利用文化的力量激发和推动现代社会的感恩活动。建立共同的文化认同，人们形成了感恩的内心基础：营造浓厚的社会文化氛围，促进了感恩行为的发生；构建制度化的文化嘉奖，肯定了感恩行为的价值。总之，在文化的推动下，人们自觉自愿地学习感恩、实践感恩，将感恩意识作为中华民族的传统美德传承下来。

（四）延长感恩教育的作用时效

近年来，我国高校感恩教育蓬勃发展，取得了一定的成绩，但同时也暴露了教育过程中的诸多不足，缺乏时效性就是其中的显著问题。通过对学校感恩教育现状的分析，时效性不长主要反映在两个方面：首先，感恩意识仅停留于教育活动载体之中，存在短时性。在学校所开展的各式各样的教育活动中，大学生表现热情、活动感恩意识浓厚，但活动一结束感恩也就踪迹难觅。其次，感恩意识表现出时间段特征。也就是说感恩意识仅在一个年龄段或成长阶段有所表现，未真正扎根于大学生的头脑与大学生的精神成长同步，没有形成感恩的文化血脉，难以抵御长时间外界不良思想的侵扰。

文化动力就像是人头脑中认识与情感的发动机，存在于人生活的方方面面，贯穿于人文化成长、发展的全过程，与个人成长同步，成为人格的一部分，根深蒂固。感恩教育是情感的教育、人性的教育，它不是受教育者一朝一夕所能习得的，需要生活全方位地感染，需要文化全程地陶冶，形成自身固有的感恩品质与文化特征，将感恩之心贯穿到整个人生过程中去。

第三节　感恩教育中文化动力的植入

一、注重培养——学习感恩文化，营造感恩氛围

（一）认识感恩传统，树立感恩意识

中华传统文化是中华民族几千年文明的结晶，它根植于我们民族的血脉中，世代传承，为民族的发展和复兴提供了精神与智力支撑。感恩文化是中华优秀传统文化的一朵奇葩，为古代社会的进步与和谐发展设定了伦理标准，给现代社会感恩意识的发展提供了文化的根源。

在高校感恩教育过程中，加强大学生对于中华传统感恩文化的认识，有利于激发其对于感恩文化的好奇心与学习欲望，增强感恩学习的主动性，积极地树立感恩意识。心理学研究表明，人的主动性源于对新事物所产生的巨大的好奇心，而好奇心则直接导致两个结果。

第一个结果是向他人的请教，若遭遇他人拒绝或不知所以然的情况下便宣告结束。转而出现第二个结果，即模仿。模仿是个无言的过程，是在没有外界直接干涉条件下的一种自觉行为，他极力追求的目的是使自己的行为活动跟被模仿者的行为活动相一致。而模仿的对象则通常是感人又高大的形象。因此，在高校教育过程中应理性对待功利色彩较浓的实用主义教学，重视对学生感恩传统文化的培养。有意识地将感恩文化渗透到学校教育的方方面面以及整个过程中去，例如开展“寻找感恩文化”“感恩诗词学习周”“感恩故事大串讲”等活动，提倡学校全体成员对感恩传统的学习，形成认识感恩传统的文化氛围。

（二）形成感恩情感，内化感恩文化

情感是人类主体对于客观事物的价值关系的一种主观反映，能激发个体的心理活动和行为动机，具有长期性和稳定性，对个体的人格生成和文化修养具有重要作用。客观事物的价值关系是情感形成的基础，个体在现实生活中有怎样的价值体验就会相应地形成怎样的情感状态。高校在感恩教育过程中，不能仅停留于“空口说教”上，应注重感恩价值的宣传和切身体验，要为学生感恩情感的形成创造价值基础。例如，在感恩事例宣传中不要一开始就把一个“伟人”的形象摆在学生面前让学生产生距离

感，可以尝试着摆脱原先枯燥的事件回放，将事例还原到平凡真实的社会环境中去，以事例中人物的思想发展和价值选择为切入点，让学生感同身受，切实地体会到感恩行为的价值所在。

情感是个体精神文化的重要组成部分，是个体对待事物稳定的评价和体验，同时也是社会文化通向个体内心的重要桥梁。一种文化根植于人心并非一朝一夕

正如费孝通先生所言，文化的生与死需要它自己的种子，有了种子才会同样，笔者认为，现存的文化的种子还需要阳光和雨露，有了阳光雨露文化才能发展，而情感就是这样一种文化的营养。

高校感恩教育不仅要重视大学生的感恩认识，同时还要注重认识的升华，以感恩情怀滋养它，让它在大学生的头脑中生根发芽、茁壮成长。比如开展“一封家书谢父母”的活动，以孝心点燃子女对于父母的感恩之情；“神秘礼物谢老师”以师生情强化学生对老师的感恩之心；“网上祭祀托哀思”以对革命烈士的敬慕之情激发学生的爱国情等。通过各种活动的开展，将感恩情感内化为学生自己的感恩文化，参与组建学生的内心存在，从而给学生以深厚的文化教养。

（三）扩大文化传播，营造感恩氛围

文化传播，简单地讲就是人类文化由文化源地向外辐射传递或由一个社会群体向另一群体的散布影响过程。文化传播反映了人与人之间共存、发展、影响的相互关系，具有社会性、目的性、创造性、互动性以及永恒性。人类有意识地文化传播，有利于社会优秀文化的传承和发展，有利于社会良好文化氛围的形成。马克思曾指出，“人可以改变环境，而环境也可能改变人”。因此，文化环境的营造对个体自身文化素质的养成具有重要作用。大学作为社会先进文化的引领者，具有发展、创新、传播先进文化的神圣使命。大学以其创造的精神产品和造就的全方面发展的高素质人才向社会辐射先进文化，指引社会文化发展的方向。在相互作用的影响下，社会良好的文化氛围也促进了大学文化的发展，为当代大学生的成才提供了良好的实践环境，有利于大学生优秀文化的习得和深化。“硅谷现象”就是很好的实例，如果没有斯坦福大学就没有今天的硅谷，而没有硅谷也就没有如今斯坦福的一流。所以，高校在进行感恩教育时，应努力扩大感恩文化传播，积极开展诸如“感恩文章写作大赛”“感恩演讲比赛”“感恩话语传递”等活动，让大学生在亲身传播过程中深化感恩意识，让文化在传播过程中得到发神，让社会在传播作用下得到“净化”，形成高校感恩教育与社会文化氛围的良性发展。

二、积极引导——丰富感恩行为，打造感恩平台

（一）引导社团活动，丰富感恩内容

中青联发〔2005〕5号文件《加强和改进大学生社团工作的意识》指出："大学生社团是由高校学生依据兴趣爱好自愿组成，按照章程自主开展活动的学生组织。"学生社团旨在"活跃学校的学习空气，提高学生自己管理自己的能力，丰富学生的课余生活。"(《中国大百科全书·教育》)

学生社团是高校素质教育的重要力量，是学生的"第二课堂"，当然也是开展感恩教育的优良资源。学校、教师通过对社团的引导和支持，将感恩教育的内容寓于社团活动之中，系统规划、整合感恩教育的社团力量，指导社团开展内容丰富、形式多样、有品质、有意义的社团活动。可以从以下两方面打造学生社团感恩品牌：一是活动内容上，既要小故事也要真典型。感恩是一种情感、一种道德、一种文化，它寓于我们每一个人平凡的生活之中，同时又有着超越平凡的精神魅力。一句简单的"谢谢"、一个真诚的微笑都是我们实践的内容。例如，号召"向长者让座"，传递社会温情；向平凡的清洁工人报以微笑，感谢他们的劳动；向老师真诚地说声"谢谢"，感谢恩师的教导等。同时也要积极学习社会上典型的感恩人物，在实践上体验感恩，在思想上学习感恩。二是形式上，开展丰富多彩、跨领域、跨层次的社团活动。社团根植于大学生群体之中，与大学生有着天然的亲近，迎合了青年蓬勃的朝气和跳跃的思维。社团可以从活动开展方式、参与成员、活动地点、活动时间等各方面进行创新和尝试，通过健康、新颖的活动形式丰富成员的文化生活。例如在父亲节、母亲节倡导向父母说出我们的爱；在国庆节组织严肃、庄重的升国旗仪式，同唱国歌；参观革命圣地、博物馆等。

（二）加强学术交流，渗透感恩文化

思想总是在交流中获得启发，文化总是在碰撞中得到发展。学术交流是促进学习、深化文化的重要途径，是高校进行文化教育与研究的主要形式。针对感恩教育的道德性与情感性，可以从以下方面开展学术交流，以深化感恩文化的影响。

首先，在平等的情感基础上开展文化交流。感恩教育是一种文化的教育也是一种情感的教育。它不同于传统科技知识的传授，以"教—学"为主要模式进行教育。它更注重交流双方情感、人格的平等性，以情感话文化。学校可以组织学生与教师进行情感对话，双方平等地以学习者的态度去认识感恩文化，分析其中的情感选择，教师要做的只是文化信息的传递和适当的引导，而不是权威的教授。

其次，提高学术交流的针对性。学术交流不仅要对交流的文化有针对性，同时还要对参与交流的成员有针对性，因为我们进行交流的重点是发展文化、获益学生。高

校可以在了解学生感恩意识发展状况和特点的基础上，按一定的标准对学生进行分类，然后与其进行有针对性的文化交流，在文化的国度里、在思想的碰撞中实现对学生的感恩教育。

最后，加强学术交流形式的丰富性与灵活性。心理学研究表明，人只有在相对放松的环境氛围中，才能表现出自身最真实的想法。学术交流的目的就在于通过自由的交流，实现参与者文化的相互影响和发展。一场“被安排”好的学术交流是失败的。因此，摆脱教育过程中一成不变的严肃的交流形式，丰富学术交流的开展方式，为参与者紧绷的情绪松绑，是保证交流取得实效的必要之举。

（三）增进校友工作，培养感恩情结

校友是学校宝贵的办学资源，是学校在社会上的文化名片，校友的情况是反映和衡量学校教育质量的一面镜子和基本尺度。同时，校友成长之路又为在校学生提供了最宝贵、最生动的教材。校友，特别是在社会上做出较大贡献的校友，对在校学生的学习，乃至就业选择，具有校内工作难以起到的示范和教育作用，他们与在校学生有着相似的成长经历，更能激起学生的情感共鸣。而校友对于母校的感恩情怀也是学校感恩教育的重大成果与良好的教育素材。因此，要充分认识校友工作的重要性，要花时间、花精力增进与校友的联系，有效地开发利用蕴藏在校友中的丰富德育资源，促进学校感恩教育发展。笔者以为，可以从如下方面开展校友工作。

第一，提高学校声誉。对于走出母校的校友来说，学校良好的社会声誉是他们保持自信与自豪的重要力量，是他们前进道路上的希望。学校办学水平的提高，科研实力的增强，先进文化的发展，是校友始终关心和引以为豪的事情。因此，母校社会声誉的提高是对校友母校情结与感恩情怀最重要的保护。

第二，增进校友联系。学校是校友文化的发源地与归属地。校友离开学校后对于母校都非常的关心，总是从各种途径搜集学校的信息，了解学校的发展情况。因此，通过校友会、校园刊物、学校网站、学校庆典等途径加强对校友的联系和沟通，使他们能及时地获得学校的信息，与他们分享学校的进步成果，可增进其对于学校的文化归属感，从而深化母校情结。

第三，加强校友关怀。校友就像是离开学校母亲的孩子，他们虽然独自在外发展，但是情感上依然怀有对于母校的依恋，在遇到困难时会想到学校的帮助。因此，学校有责任、有义务对校友提供帮助，不能让校友学业的完成成为情感的结束。学校对校友的关注是多方面的，在“学习型社会”中，在“终身学习”理念的指导下，学校首先可以为校友提供文化上的关怀，为校友的继续教育提供各种方便。其次，对于校友生活、工作中的困难也可以提供力所能及的帮助，例如和校友达成科技上的合作，为校友的工作提供智力支持，等等。事实证明，母校只要是为校友做了哪怕是一点点微

小的事情，都会得到校友加倍的回报，这就是感恩情结。

三、努力完善——健全校园制度，激发感恩行为

（一）完善制度建设，促进感恩活动

“无规矩不成方圆”，制度是一个集体内规范共事人行为的各种规则，是按一定程序办事的规则的总和。制度是社会有序、健康运行的保障。同样，校园制度建设是和谐校园建设朝着科学化、规范化、健康化的轨道阔步前行的根本保证，是和谐校园建设实现健康、有序发展的重要基础。目前，我国高校感恩教育多半还停留于自发的、零散的阶段，缺乏制度的系统协调和保证，因此，完善校园感恩教育的制度建设迫在眉睫。

第一，建立感恩行为形成制度。感恩意识并非人天生所具有的，它是人通过后天的培养而不断习得的。要将感恩意识内化到学生的头脑中，维持其存在的长久性和稳定性，就需要制度的保障作用。心理学家研究表明，一个人若在三十天内连续地重复同一种行为，那么此种行为将形成这个人的个人习惯。感恩行为形成制度就是要将普通的日常的感恩行为规范到制度中，通过外力约束使学生形成感恩的习惯。例如，在下课时全班集体向老师行礼表示感谢，学生每周帮助一位身边人并写成感恩日记，劳动节走上街头义务劳动感恩社会，等等。

第二，构建感恩信仰强化制度。在道德领域，人们实现道德行为的强制力一方面来源于人们内心的道德自觉，另一方面来自制度、利益等外在力量的约束。当前我国正处于社会转型期，伴随着市场经济的发展以及相关制度的滞后，社会财富分配不公及贫富差距过大等问题相继出现，道德主体的多样性和利益关系的直接性逐步凸显出来。社会上见利忘义、忘恩负义的事情不少，感恩文化逐渐被人们所淡忘、忽略，道德评价模糊。针对此现实，高校感恩信仰强化制度的建立，人们的感恩信仰、感恩行为需要社会的肯定，需要制度的保护和鼓励。学校在感恩教育中应明确道德评价标准，给感恩行为以精神和适当的而对于忘恩行为则要予以道德的谴责和思想的教育。通过制度明确道德导向，强化感恩信仰。

（二）规范制度运行，增强感恩效果

再完美的制度只有实践了才能发挥它应有的作用，制度的价值体现在运行的过程之中．高校感恩教育制度的运行应注意如下方面：

第一，责任到人，灵活应对。感恩教育相关制度的运行，活动的开展必须落实到具体的教师、辅导员身上，形成实施者的个人责任，保证制度运行。然而感恩教育制度，规范的是人的行为，引导的是人的情感，因此在运行过程中必须考虑到个人的实际情

况，灵活应对，体现制度的规范性和灵活性。

第二，奖惩要落到实处。设定奖惩的目的并不在于奖惩的具体内容，而是价值观和情感的导向，是对于感恩意识和行为的鼓励。亚当·斯密在他的《道德情操论》一书中曾明确提出："对我们来说，一个行为，如果它是感激的恰当的和被人认可的对象，那么，该行为一定应受奖赏；而另一方面，一个行为，如果它是怨恨的恰当的和被人认可的对象，那么，该行为一定该受惩罚。"高校可以通过感恩教育制度建立一种权责相对清晰的契约，即用对一定个体的行为或品质施加奖励或惩罚的手段来完善感恩道德的强化机制，让大学生明白哪些是社会所倡导和肯定的，哪些是社会所否定的，通过奖惩方式使尽义务的人得到公正的评价和回报，使忘恩负义者受到谴责和惩处，从而强化大学生的感恩情怀。

（三）改进工作方式，体现人文关怀

在全党深入学习"科学发展观"的背景下，"以人为本"的观念深入人心，高等教育也即时地提出了"以学生为本"的发展理念，以期最大限度地激发学生的积极性、主动性和创造性，适应我国高等教育大众化的发展趋势。德育是高等教育的重要组成部分，对于大学生世界观、人生观、价值观的培养，更应体现人文关怀，以人性化的工作方式开展教育。党在十七大报告中明确提出我们应积极"加强思想政治工作，注重人文关怀和心理疏导"，高校德育工作方式的改进，应注意如下方面：

第一，树立"以学生为本"的服务理念。德育工作说到底，就是做"人的工作"，应该体现对人的情感的关怀和对人的发展的服务。"以学生为本"主要体现三层内容：首先，明确了学生与学校的关系。随着我国高等教育从精英阶段向大众化阶段的过渡，高等教育已逐步由卖方市场转变为买方市场，学生作为"消费者"走入学校，接受的是学校的教育服务。其次，更加关注学生的权利，学生应具有获取知识、选择专业、选择教师和安全保障等权利。再次，它提出了学校改革的目的在于不断完善自身的培养模式、教育教学方法以适应学生发展的需求。

第二，建立学校教育的柔性管理模式。柔性管理是"以人为本"的管理，以非线性思维的共时性、同步性为管理理念，强调管理的"人性化"。柔性管理从本质上说是一种对"稳定和变化"进行管理的新方略，注重平等和尊重、创造和直觉、远见和价值掌控，它依据信息共享、价值整合、差异性互补等，实现管理知识由隐性到显性的转化，从而创造竞争优势。感恩教育的柔性管理在研究学生的心理和行为规律的基础上，重视学生的内心感受、注重言传身教、激励导向，以平等、温暖的方式实施教育管理。

四、重点把握——利用感恩资源，建设感恩环境

（一）推进校园物质建设，物化感恩文化

物质文化是校园文化的重要组成部分，是精神文化结晶的实体存在。物质文化为校园文化活动提供了物质保障，同时在一定程度上又制约校园文化活动的规模甚至是质量。感恩教育应充分考虑到校园物质文化的浸润作用，烘托校园感恩文化的氛围。在进行感恩物质文化建设时，应充分考虑学校、教师和学生的感恩文化思考与沉淀，将感恩文化内涵以最直观的方式呈现出来，丰富和升华校园感恩文化生活，表现出一所学校的独特文化气质和风格以及良好社会形象。例如往昔优秀校友真情故事的物化呈现，将感恩故事渗透到了学生的生活中去，对于学生感恩人格的培养和学校感恩氛围的营造都具有积极作用。

（二）加快信息网络建设，拓宽感恩领地

随着信息化时代的到来，网络、手机等已经逐步成为生活的一部分，改变了人们原有的生活方式、工作方式和交往方式，并影响到人们的价值观念和精神世界。网络的普及化在大学生中引发了强烈的反应，大学生已经成为我国网络队伍中的主力军。感恩教育应贴近当代大学生的生活，体现时代特征，加快信息媒介文化建设，扩展感恩教育领地。

第一，积极建设感恩主题网站，加强校园网络管理。面对信息化的高速发展，学校应主动、快速地建立一批具有感恩文化特色，又符合学生审美兴趣，融入知识性、趣味性于一体的感恩主题网站，吸引大学生的目光，抢占网络教育资源。同时，加强校园网络管理，防止某些西方文化和社会不良思想对大学生的影响，还学生一个“纯洁”的网络环境。

第二，推进网络感恩文化活动。在网络逐渐普及的新时代，网络已经成为大学生生活的一部分，深入了学习、生活的各个方面。高校在加快感恩主题网站建设的同时，也要积极推进文化活动的开展，让“静态”的网络教育资源“活”起来。力争通过丰富的网络文化活动，瓦解西方某些国家企图利用网络优势对大学生进行的文化渗透，打破西方文化在网络上的统治局面，营造积极、健康的网络文化环境。例如，在学雷锋日，在网上开展“我向社会献爱心”的感恩社会活动；在清明节，倡导网上“祭拜英雄、感恩先烈”活动；在端午节，开展“学习屈原精神、感恩祖国母亲”的诗词大比拼活动等，通过各种各样、丰富多彩的网络文化活动，吹起网络感恩之风。

第三，加快文化产品研发，拓展感恩教育平台。《中共中央国务院关于进一步加强和改进大学生思想政治教育的意见》明确提出“要大力发展文化事业和文化产业，

为学生提供更多更好的文化产品和文化服务”。高校感恩教育应与时俱进，积极开发具有时代性的德育文化产品，充分利用新兴媒介，拓展感恩教育平台，例如借用手机短信传递感恩情怀，运用电子邮件寄送感恩之情，利用 QQ 等聊天工具丰富感恩活动，等等。

（三）提高教师教育水平，激发情感共鸣

感恩教育是道德和情感的教育，这要求教师必须具有较高的思想道德水准和教育技能，主动地实现由知识的传授者向文化的建设者和辐射点的角色转换，善于将感恩教育目的寓于课程教学和各种教育情境中，和学生平等地交流，以情动情，实现对学生潜移默化的影响。

第一，提高教师感恩意识，以身示范。正人先正己，“其身正，不令而行，其身不正，虽令不从”，实践证明，身教示范是最生动、最具有说服力的教育方式。高校教师，特别是德育工作者，应具有较高的道德修养，表现出良好的师德，以高尚的道德情操和人格魅力感化学生、影响学生。

第二，提高教师教育技能与教育意识。感恩教育是渗透的教育，它不仅需要课堂正面的教化，还需要全体教师在整个教育过程中的隐性教育即全员教育、全程教育。不光是德育工作者，全体教师都应该主动地提高教育意识和技能，善于将教学活动与感恩教育联系起来，将感恩文化渗透到教学的各个环节中去，点拨、唤醒大学生的感恩之心，引导大学生如何做一个道德高尚、具有感恩之心的人。

第七章　弘扬感恩文化构建和谐社会

第一节　“00 后”大学生感恩教育理论依据

一、相关概念阐释

本书所探讨的“00 后”大学生是指 2000 年到 2009 年出生的进入大学的中国公民。自 2018 年 9 月份以来,“00 后”的孩子陆续进入了大学校园,高校也迎来了继“90 后”之后的又一个带有强烈时代气息的青年群体。他们出生在我国改革开放发展颇显成效之时,成长在中国经济发展最为迅速、社会转型最为激烈、思想观念最为解放的年代,具有任何一代中国人都不具有的成长经历。且由于国家计划生育政策的全面实施,“00 后”也被称作“独生代”,他们在思想观念、价值取向、人生态度等方面彰显出了新的特点。从总体上看,他们主流思想积极向上、接受新鲜事物快、民族精神振奋昂扬、积极进取精神突出,但一些“00 后”大学生们也表现出过于自我、逆反心理强、抗挫折能力弱、功利化倾向严重、知行脱节等不良现象,这些都给高校思想政治教育工作带来了新的机遇和挑战。

二、哲学依据——关心理论

关心是在精神和情感上对他人和他事的担心和牵挂,是借助行为表达对他人需要的满足。关心是构成感恩和感恩教育的基本元素,也是感恩教育的基础。人需要被他人关心,同时也应该关心他人。德国哲学家马丁·海德格尔这样描述关心:“关心是人类的一种存在形式,是人对其他生命所表现的同情态度。”

美国教育哲学家内尔·诺丁斯是关心学派的开创者,她对关心理论的研究最具深度也最为系统,这一学派主张以榜样、对话、实践、认可为途径,把关心学生和培养学生的关心作为道德教育的首要目的。诺丁斯认为,“关心意味着一种关系”,是关心者与被关心者之间产生的一种心理连接、一种情感接触,或是一种意识交流,主要体现为关心者付出关心、被关心者接受关心的心理和行动状态。感恩教育恰好包含这种双边关系。双方在交流的过程中，应该以“换位思考”为原则，互相包容和理解。

关心理论提倡人应该注意到他人的需要，试图培养学生自觉自愿地关心他人、社会和自然。这种关心是一种感恩习惯，是人的一种品质，更是一种关系和能力。这种能力有利于人们建立关心的人际关系。关心作为感恩教育的一个元素，就是要让学生在感恩教育的实施过程中学会关心。如大卫·诺顿所言：“如果人格发展是以一种道德为目的，那么很明显，所有这些选择都是道德选择。因为他们都在影响人格的发展。”

关心不仅是一种个人美德，而且是一种人际关系、一种文化环境。关心理论的出现是对传统的以灌输为主的道德教育的超越，它使道德教育成为具有人性化的教育，而不再是麻木机械的缺乏人性的教育。学会关心是当代道德教育的一个基点，是感恩教育的一个有效途径，对学校道德教育的创新具有重要的启发意义。

三、伦理学依据——孝悌伦理观

孝悌作为中华民族的传统美德存在于社会生活中，已有数千年的历史。孝心是晚辈对长辈感恩意识的表达。人在出生与成长的过程中，受到了父精母血的孕育与滋养，又依赖于父母无微不至的照料与呵护，这种给予生命的力量使人发自天性地萌生了报恩的意识，这就是“孝”。孝不仅可以体现一个人的德行根本，而且可以归顺民心、稳定社会。孝的基本要求是养亲、敬亲和爱亲。在古代，孝是人们实现道德的起点，其本质是一种爱与敬的情感与行为。父母给予子女生命，含辛茹苦地把子女养育成人。因此，感激并报答父母是符合人伦纲常的。《孝经》指出：“不爱其亲而爱他人者，谓之悖德；不敬其亲而敬他人者，谓之悖礼。”就是说一个对自己父母都不知感恩和恭敬的人，却去爱别人，这种行为是不正常的，更是违背道德伦理的。悌是指兄弟姐妹之间要做到团结友爱。在古代，悌是维系家庭和睦的纽带和智慧。兄弟姐妹身上流着相同的骨血，理应亲近和友善。将遵守“悌道”放之于整个社会中，就是要求人们要像尊敬兄长一样去善待他人，人与人之间的相处就会更加和谐融洽。孝道和悌道建立的基础是人的感恩观念的产生。因此，孔子极力主张：“弟子入则孝，出则悌，谨而信，泛爱众，而亲人，行有余力，则以学文。”

孝悌也是一切教化之本，可以使人性情陶冶、道德升华。把“亲亲”教育作为爱国爱民教育的基础，在学生进入社会前进行感恩教育是符合道德教育规律的。中国的孝悌伦理观，倡导的是孝亲和敬老，就是要求人们满怀敬意之情，处处、时时去尊重、关爱长辈和亲人。作为年轻人，不但要孝敬自己的生身父母，而且应该关心爱护社会上所有的老人，做到孟子说的“老吾老以及人之老”，把敬老之心从家庭延伸到社会。当前社会的发展需要将传统的孝悌的内涵不断扩大，把建立在血亲基础之上的孝悌推及整个社会。感恩是对孝悌最亲切的表现，如报答父母和有恩于自己的人，古人祭天地、祭祖先、祭圣贤的习俗等，都是表达感恩之情的一种方式。孝悌作为华夏文明的硕果，不但是判断一个人道德水准的重要标志，还是对社会文明程度的重要体现，这也属于感恩意识的一个外推、内衍现象。现代孝悌伦理观认为，做人首先要有爱心与责任感，并以此作为处理一切人际关系的前提条件。努力提高国民的道德素质，这是我国精神文明建设的重要任务。在这个过程中，寻找合适的切入点进行道德教育至关重要。倘若人人都能以感恩为道德标准，社会的精神文明程度就会随之提高，社会也会变得更加和谐稳定。孔子曰："君子务本，本立而道生，孝悌也者，其为仁之本与。"因此，"孝悌"是德之本和教之本，更是个人立身处世的根本。孝悌是形成和谐人际关系的价值基础，是营造良好社会风尚的助推剂。

四、心理学依据——人本心理学

"人本"就是坚持人的自然属性与社会属性的辩证统一、物质属性与精神属性的辩证统一。在教育过程中，应该以社会需求为导向，把培养具有全面综合素质的"人"作为一切教育活动的中心。人本心理学注重关心人的价值和尊严，认为人会不遗余力地追求与他人建立友情，渴望获得他人的肯定，甚至宁愿牺牲基本的生存需要，也要满足精神需要。倘若人没有了与外界的正常交往，或者交往不如意，就容易陷入被人忽视甚至自我贬抑的状态，久而久之，渴望被人关注、理解和肯定就成了一种迫切的需要，出现过分关注自己，难以与外界进行正常的沟通，甚至和亲戚朋友都难以和睦相处的现象。性格也变得愈发自私和偏执，甚至做出反社会的行为。感恩能满足人的爱与归属的需要，使人感受到被人欣赏、被人关爱的喜悦与温暖。

人本主义心理学的主要发起者马斯洛认为，人是"好的倾向"与"坏的倾向"的综合体，一个人表现的好坏关键是他自己的意识倾向于哪一边。正常的孩子能做到慷慨无私、与人合作，但也会有自私心理的产生和不良行为的发生。孩子的成长环境决定其心理和行为"天平"的倾向。如果他们爱和尊重的需要得到满足，自然会做出和谐友善的行为。反之，一旦他们感到不安和恐惧，基本需要得不到满足，他们行为的倾向就会偏向消极的一面。感恩是积极的正能量，它会满足学生爱与归属的需要，打破人际交往障碍的坚冰，促进人与人之间的和谐相处。开展感恩教育能促使学生在人际交往中乐于与人分享，预防和消除自我膨胀心理的产生，学会用爱的眼光看待所处社会关系中的一切，从而形成良好的社交关系和人格魅力。

五、教育学依据——情感教育理论

情感是人的心理活动之一，人与人之间的交流需要情感来维系。情感教育以感情交流为主要手段，是一种富有人性化的开放式教育。它是学校进行道德教育的必要手段之一。情感教育不但可以增加师生之间的互动，增进师生之间的信任和理解，而且有利于教学过程中知识的有效传递。这样就能降低学生管理工作的难度，提高教师的威信，进而提高教育工作的实效性。情感教育使学生获得归属感和被尊重感，从而激发他们的潜能和学习热情，总之，由此产生的积极效果是不言而喻的。

感恩是一种情感，人的情感素质表征着一个人道德水平的高低。培养具有感恩意识的人，不但是社会发展的需要，而且是个体生存和发展的需要。情感教育是教育过程的一部分，它关注学生的态度、情感、信念和情绪。它包括关注学生的个人发展和社会发展以及他们的自尊，关注每个学生是否感到身心愉悦。更为重要的一面，则是超越学生个体以关注他们与别人之间的关系效果。因此，人际关系和社交技能被认为是情感教育的核心。感恩就是主张用关爱他人的心去对待和包容世间的一切。只有拥有感恩之心的人，才能具备高尚的社会情感，才会拥有分享与合作、团结与互助的高尚品行，从而创造一个适宜自身生存与发展的空间。

苏霍姆林斯基曾说过：“情感是道德信念，原则性以及精神力量的核心与血肉，没有情感，道德会变成枯燥无味的空话，只能培养伪君子。只有在情感活动中，学生的道德认知才能深深地根植于他的精神世界里，成为他自己的观点，并在他自己的言行举止、待人接物等方面表现出来，从而形成坚定的道德信念和高尚的道德行为。”感恩是其他道德情感养成的前提和基础。道德会影响人的心理、思想、意志、行为及社会交往方式等。感恩教育就是要引导人们做有道德的人。传统教育把德育、智育、美育、体育等分离开来，而感恩教育迎合了德育的要求，符合学校教书育人的道德本质。因此，高校应将思想政治教育工作的重点转教育上来，用“感恩”来净化学生的心灵，感化学生的最终达到思想政治教育的根本目的，即培养合格的社会。

第二节　加强“00 后”大学生感恩教育的必要性

一、传承民族传统美德的迫切需要

中国的感恩教育源远流长。早在《诗经》中就有“投我以木桃，报之以琼瑶”的诗句。《战国策》的篇章中也有这样的名句：“人之有德于我也，不可忘也；吾有德于他，不可不忘也”。儒家文化倡导的“忠为报君恩，孝为报亲恩，节为报夫恩，义为报友恩”是中国传统文化重视培养人的感恩意识的实证，尽管有些内容已经不适合现代教育的需求，但还是值得后人本着“取其精华、去其糟粕”的原则去传承它。勤劳而智慧的古人还给我们留下了许多关于感恩的珍贵典故和古训，如“结草衔环”“羔羊跪乳，乌鸦反哺”“滴水之恩，当涌泉相报”“知恩不报非君子”等。这些都旨在强化人们知恩报恩的道德观念。正是由于在长期的社会实践中形成了感恩的优良传统，我国才形成了比较稳定的社会结构，凝聚力日益强大的中华民族才得以绵延不绝。

但是，部分“00后”大学生缺乏感恩意识，将传统文化视为封建糟粕。他们不但忘记曾经有恩于自己的人，甚至恩将仇报。这种行为不仅有损社会文明，更是当今社会道德失范的表现。当忘恩负义、恩将仇报的现象频繁出现时，社会就会失去最起码的良心，世人就会将乐于助人的人看作是“傻子”，自私冷漠之人反而被当作“智者”。长此以往，社会就会被贴上自私冷漠的道德标签。感恩作为中国传统道德的重要内容，是人得以立身处世的根本，有利于规范人们的思想道德。因此，引导“00后”大学生认识并践行感恩教育的过程，是对社会主义精神文明建设的积极响应，更是对优秀民族传统文化的永续传承。我国应该在“00后”大学生中加强感恩教育，引导他们自觉将感恩意识内化于心、外化于行，让感恩这一优良传统得以继续传承。

二、实现民族复兴中国梦的时代要求

中华民族是一个命运共同体，实现中华民族伟大复兴是每一名中华儿女的共同期盼。国家之梦的实现是国民之梦得以实现的前提条件，只有将个人之梦与民族之梦相融合，共同致力于实现民族复兴的中国梦，才能为个人之梦的实现提供更为广阔的平台。要想描绘中国梦的宏伟蓝图，“00后”大学生是手执画笔的最理想的画师，感恩教育更是它不可或缺的底色。“00后”大学生作为青年的代表，是实现伟大中国梦和中华民族永续发展的重要生力军。只有把“00后”大学生培养成具有感恩意识的人，才能激发起他们感恩祖国的热情，促使他们承担起时代赋予他们的使命，汇聚成实现民族复兴中国梦的磅礴力量。同时，只有引导“00后”大学生把拥有的智慧和勇气运用到正确的轨道上，他们的青春才会在圆梦的征程中焕发出耀眼的光芒，才会突破制约“中国梦”的藩篱，扫清“中国梦”实现的障碍，不断摸索出实现“中国梦”的有效路径，共同筑起实现中国梦的“铜墙铁壁”。因此，以感恩教育助推中华民族伟大复兴的中国梦，是时代的呼唤，也是国家昌盛和民族复兴的需要。

三、构建社会主义和谐社会的现实要求

我国公民的思想道德素质决定了建设和谐社会的进程。社会需要感恩，培养具有感恩意识的公民是构建和谐社会的基本前提。人性有善的一面，也有恶的一面，和谐社会要求人发扬善的天性。“感恩”就像润滑剂，能够激发人们善的天性。和谐社会是

以高度文明为特征的，知恩感恩的社会才是和谐的社会。构建和谐社会需要具备强烈感恩意识的社会成员共同实现。特别是当代“00后”大学生，他们是建设和谐社会的主力军，他们的道德风貌对其他社会成员有着深远的影响。只有将感恩的优良传统和时代特点相结合，把“00后”大学生培养成和谐社会所需要的德才兼备的高素质人才，让他们常怀感恩之心，常留感恩之意，常存感恩之情，常行报恩之举，才能推动社会主义精神文明建设，从而促进整个社会的和谐发展。高校应以“立德树人”为风向标，把感恩教育作为素质教育的切入点，促进“00后”大学生的全面发展，从而在全社会营造知恩图报的社会风尚，让感恩教育内化成为助推社会前行的正能量，以达到“话感恩、知荣辱、促和谐”的效果，从而实现人与自我、人与社会、人与自然和谐的美好局面。

四、提高高校思想政治教育实效性的必然要求

将感恩教育引入高校思想政治教育，作为大学生思想政治教育的重要补充，有利于提升思想政治教育教学的效果。高校思想政治教育工作者往往采用比较传统、单一的思想政治教育方式，主要包括理论灌输法、劝导法等显性教育手段。这些传统的思想政治教育方法对规范大学生的思想、行为产生了一定的作用，但这种方式不符合教育规律，过于僵化，只注重教育者的地位和作用，忽视了接受者的实际情感，挫伤了受教育者的参与积极性，致使学生产生逆反和抵触心理，无法达到教育目标和预期效果。“00后”大学生的新特点对高校思想政治教育工作提出了新的要求。“00后”大学生所处的时代背景和成长环境导致他们对抽象化、理论化、形式化的显性思想政治教育手段甚是反感，使得思想政治教育被贴上了“大”和“空”的错误标签。因此，只有贴近“00后”大学生的身心特点，从他们所处的环境和切身利益出发，将思想政治教育与其他有利教育实施的要素有机结合，才能实现高校人才培养目标和社会多元化人才需求的有效对接。感恩教育正是助推这一对接实现的有利要素。将感恩教育作为高校思想政治教育的最佳切入点，不仅丰富了思想政治教育的方式方法，还拓宽了教育者进行思想政治教育的选择渠道，克服了传统思想政治教育方法的呆板性，大大增强了大学生思想政治教育的针对性和实效性。感恩教育更具有说服力和感染力，容易引起“00后”大学生共鸣，极具可操作性和实效性。

五、促进“00后”大学生完善自我的内在要求

首先，心存感恩是“00后”大学生实现自我价值的无形资本。感恩是“00后”大学生做人应该遵守的基本道德准则，是人际交往的基石，更是“00后”大学生实现

人生价值的重要保障。每一名“00 后”大学生都渴望成为父母的骄傲，成为社会的佼佼者。“00 后”大学生要想获得成功固然需要知识、勤奋和机遇，但也要求自身拥有感恩意识。只有具备感恩之心的人，才能通过自身的人格魅力和良好品质赢得更多的合作者。相反，只顾眼前利益的忘恩负义之人是难以真正实现人生价值的，也很难走上通往成功的康庄大道。

其次，感恩是“00 后”大学生形成健康人格的基本要素。拥有正确的人生观是具备健康人格的重要表现，而感恩是一个人形成正确人生观的先决条件。感恩教育是一种道德教育，只有培养“00 后”大学生成为具备感恩意识的有道德的人，引导其正确认识感恩对道德养成的基础性作用，了解感恩意识与形成正确人生观的关系，才能促进“00 后”大学生身心的全面、健康发展。相反，如果培养出仅有知识却缺乏健全人格的大学生，不仅会造成知识的滥用或误用，甚至会给国家和社会带来危害。可见，拥有感恩品质对塑造“00 后”大学生健康向上的人格是至关重要的。

再次，感恩有利于“00 后”大学生保持健康的心理状态。从心理学层面来说，感恩是渴望尊重的一种心理需求。人生的道路不可能一帆风顺，免不了出现各种坎坷和挫折。“00 后”大学生的心理敏感脆弱、抗挫折能力比较差，当他们在生活中遇到不如意的事情时，感恩有助于“00 后”大学生及时调整心态，心灵得到宽慰，宽容和理解他人，从而产生积极精神状态的一种表现。试想生活中没有了感恩，就会导致人与人之间的交往变得愈发冷漠，产生隔膜和距离，个性自我的“00 后”大学生也只会变本加厉地抱怨，终日都在冷漠和压抑的氛围中生活，他们人生的幸福指数也就随之大大降低，极易产生心理障碍，严重者甚至引发心理疾病。因此，加强“00 后”大学生感恩教育是促进其自身健康发展的内在要求。

第三节　“00 后”大学生感恩教育存在的问题

“00 后”大学生感恩教育取得了一定的成绩，这些成绩为下一步深入研究奠定了良好的基础。但不可否认的是，“00 后”大学生感恩教育仍然存在着一些问，主要表现在以下几个方面。

一、部分“00 后”大学生感恩意识淡薄

1. 对于父母

《孝经》云:“身体发肤，受之父母，不敢毁伤，孝之始也。立身行道，扬名于后世，以显父母，孝之终也。”孔子也曾说过:“父母在，不远游，游必有方。”这些都表现出

古人对孝敬父母的渴望和认同。“孝文化”具有血浓于水的强大凝聚力。然而一些“00后”大学生把父母的辛勤培育看作是理所应当，对父母的养育之恩表现得异常冷漠，甚至对父母缺乏起码的体恤和尊重。一些“00后”大学生从不会主动帮父母做家务，常常忽略父母的生日，不到寒暑假基本不回家，认为给父母打电话是一种“负担”的更是不乏少数，主动嘘寒问暖的就更寥寥无几了。另外，一些“00后”大学生过度依赖父母，生活自理能力较差。一些家境并不富裕的大学生爱慕虚荣，盲目地和别人攀比吃穿，不但无视父母的艰辛，反而责怪父母无能，甚至对父母恶语讥讽；有些学生离开父母后很难约束自己，整天沉溺于网络游戏，荒废了学业。含辛茹苦的父母，本是他们最应感恩和亲近的人，却被他们无情地伤害。羊羔都会“跪乳”，乌鸦都愿“反哺”，感恩却离这些“00后”大学生越来越远。

2. 对于老师

无论是杨时立雪程门，还是张良虚心拜师，无数先贤的事例都验证了师道尊严这一传统的重要性。然而，一些“00后”大学生有着较为强烈的抵抗和逆反心理，面对老师的教诲，他们非但没有丝毫的感恩之心，上课时交头接耳、呼呼大睡，甚至旷课的大有人在，课后对老师“视而不见”的更是屡见不鲜；还有些学生学习倦怠，沉迷网络，不知进取，辜负了老师和家长的期望。面对老师的管教，他们不但不虚心接受，反而恶语回击辱骂老师，甚至蓄意报复老师。这说明一些“00后”大学生缺乏对师长的感恩意识，高校的感恩教育也正面临着前所未有的困境。

3. 对于国家和社会

人是社会的人，没有人能脱离于社会而单独生存。每个人都有自己的国籍，国家也要对自己的公民承担一定的责任，为自己公民的生存发展提供物质保障和精神保障。正是由于国家和社会对个人的帮助和支持，公民的个人价值才得以实现。国家的一项“智力投资分析”的调查显示，国家和社会在培养人才方面所花费的代价要远远多于其家庭对自身的教育投资。所以，培养“00后”大学生对国家和社会怀有感恩之情是必不可少的。恩情不仅是联结人与人之间关系的坚实桥梁，更是维护社会安定团结的黏合剂。然而，一些“00后”大学生集体主义观念日渐淡漠，感恩社会的意识亟待增强。

4. 对于他人

“00后”大学生多数是独生子女，自幼就倍受长辈疼爱，凡事都以自己为中心，习惯按自己的意愿去处理事情。又因独生子女从小就是一个人，相对缺少与他人在情感上的交流，导致部分“00后”大学生人际交往障碍的问题日益突出。在与同学、朋友相处的过程中，出现了不会交往、害怕交往、畸形交往的问题，他们一旦发生矛盾，从不换位思考，表现出的也绝不是忍让，更不是协作，只是一味地抱怨和指责，却不知从自身找问题，感恩他人的意识严重缺失。这些都严重影响了这部分“00后”大学生的身心健康和个性发展。

5. 对于自然

“亲亲而仁民，仁民而爱物”感恩自然是一种生活态度，就是要求人们对大自然、对周围的生活环境抱有感恩情怀。对“00后”大学生进行感恩自然的教育，就是要他们感恩大自然的博大无私，感谢大自然赐予人类生存繁衍所必需的物质，更要感恩大自然教会人类自强不息、厚德载物的精神。然而，现实中的一些“00后”大学生却因心情不畅而虐待动物，以此来缓解自身的压力和怨气。倘若不及时纠正一些大学生破坏环境、虐待弱小动物的行为，久而久之他们就会将残忍变为习惯，从伤害动物演变至伤害他人，又如何指望他们成为拥有感恩品质的人？他们又何以承担实现中华民族伟大复兴的历史使命呢？

二、“00后”大学生感恩教育缺失严重

（一）社会对感恩教育的宣传不充分

市场经济的改革和推进，带来了利益主体、利益观念的多元化，国际国内的各种思想文化潮流相互涤荡，人们的思想观念和价值取向也受到了不同程度的冲击，甚至对中华民族延续千年的传统美德产生了质疑，“感恩”一词在一些人眼中似乎已经过时了。社会上尔虞我诈、忘恩负义的现象也屡有发生，而且在一些“见义勇为却被讹”的事件中，被救助者的敲诈勒索让人有口难辩，也无人为助人者作证，这些“不感恩、不诚信的”现象着实让人痛心和无奈。本该充当社会“镜子”的一些新闻媒体不但没有发挥舆论监督作用，反而争相报道助长社会不良风气的新闻，导致了社会环境的异化。一些人只顾满足自己的一己私利，甚至不惜突破道德底线、挑战法律权威，却从未想过要为社会贡献一己之力。

（二）部分高校忽视感恩教育

首先，部分高校对大学生的感恩教育缺乏足够的重视。一些高校在创新思想政治教育方法方面存在不足，忽视了感恩教育这个“00后”大学生思想政治教育工作的突破口，依旧采用较为呆板、简单化、表面化的传统思想政治教育方法开展工作，导致收效甚微。

其次，一些高校对实施感恩教育的目标定位不够明确。具体表现在高校没有设置相关规定来保障和要求感恩教育应当达到的目标。同时，思想政治理论课程中也没有关于感恩教育的计划，设置专门的感恩教育课程的高校更是屈指可数。

最后，还有一些高校即使将感恩教育引入了大学生思想政治教育中，但在实施的

过程中也存在着感恩教育过于简单化和形式化的问题。一些高校纷纷要求学生写感恩信、向老师和家长磕头谢恩、开展“为父母洗一次脚”等实践活动。虽然应当提倡感恩教育形式的丰富多彩，这些形式也固然有助于增强“00后”大学生的感恩意识，但寄希望于通过一两次这种拘泥于形式的活动来解决“00后”大学生的思想问题，从而提升他们的道德水准是不现实的。而学校管理者在总结和评价思想政治教育工作的开展情况时，也只是将所开展的感恩教育活动进行简单罗列，很少把感恩教育活动系统化，缺乏长远的规划。感恩教育是一种道德教育，它需要一个漫长的过程，这种缺乏实质性意义的形式化活动只能让学生感动一时，很难具备较强的教育感染力。

（三）家庭教育对感恩教育的忽视

大学生多数成长在独生子女家庭中，家长们大多都患有“六个口袋综合征”，就是指祖父、祖母、外祖父、外祖母、父亲、母亲过度溺爱子女，过着众星捧月般生活的孩子愈发自私自利，家长却得不到孩子的关怀和回报。如今，许多家长在家庭教育中过分看重孩子的学习，对孩子最大的期望就是能上重点中学、考上名牌大学，只要孩子能金榜题名，似乎就可以“一俊遮百丑”。对孩子的道德教育却弃之不顾，这种家庭生活环境和不合理的教育方式弱化了“00后”大学生的感恩意识，严重影响着他们的道德养成。

第四节 加强“00后”大学生感恩教育的有效路径

一、营造感恩的社会氛围、宣传感恩教育思想

（一）发挥媒体舆论作用，净化感恩文化环境

社会环境是“00后”大学生健康成长和全面发展的大舞台，是加强感恩教育的最好课堂。因此，要努力为“00后”大学生创造和谐的生活环境和良好的社会文化环境，在全社会为“00后”大学生营造和谐互助的社会环境，将感恩教育覆盖到社会的各个领域。

首先，借助多媒体实现正确的感恩舆论导向，主动承担社会责任，积极开展形式多样的感恩教育活动。充分发挥出媒体舆论功能全、覆盖面广的优势，大力宣传感恩的理念、理论、体系和诉求，避免形式主义的宣传与报道，促进感恩表达方式的多样性与实用性，用受众喜闻乐见的方式包装感恩及其内涵，扩大感恩教育在社会教育环境中的知名度和影响力。同时，“00后”大学生是走在时代前沿的“弄潮儿”，他们对

新媒体的熟悉程度和关注程度远远超过前几代人。鉴于此，还应善于借助手机短信、微博、微信等平台，在全社会广泛、深入、持久地宣传感恩文化。

其次，巧妙运用诸如上海世界博览会、北京奥运会等享誉全球的主题教育活动，作为开展感恩教育的最佳教材，引导“00后”大学生关注社会宣传和舆论，同时树立民族自尊心和自豪感，从而实现“00后”大学生感恩情怀的道德回归。

最后，把贯彻“立德树人”的培养目标与符合时代要求的价值观念紧密结合，积极弘扬有利于培育良好感恩风尚的社会主旋律。将积极践行社会主义核心价值观、社会主义荣辱观、实现中华民族伟大复兴的中国梦等融入其中，这将有利于弘扬社会主义先进文化理念，发挥道德示范效应，加强“00后”大学生对感恩教育的感官印象，为深入开展感恩教育奠定基础。

（二）深入挖掘感恩事迹，树立感恩道德榜样

首先，树立感恩道德模范、发挥道德模范的示范效应是激发“00后”大学生感恩情感的快捷渠道。可以通过大众传播媒介大力宣讲知恩报恩的正面榜样，来引导和鼓励人们认可和效仿崇高的道德品质。从社会不同人群中，挖掘富有感染力、能引起人们思想共鸣的感恩事迹，特别是“00后”大学生的优秀感恩事。

用同龄人的事例触动“00后”大学生内心深处的情感，这样既有利于“00后”大学生感恩情怀的产生和道德认知的发展，也有利于为全社会树立道德，如“感动中国”人物的评选和宣传，就是促进社会文明和进步的充分体现，符合社会发展的潮流和人们的内心期待。同时，应该大胆地揭露和驳斥违背社会伦理公德的各种负恩现象，引导和帮助“00后”大学生确立正确的感恩观。

其次，借鉴党的思想政治工作的传统素材，结合时代内涵进行正面宣传。要大力利用国内各地广泛存在的红色革命资源，积极鼓励“00后”大学生学会感恩社会、回报社会，感恩国家、回报国家的高尚品格。同时要加强网络典型教育和宣传，营造网络感恩报恩和奉献社会的正面舆论。控制网络宣传阵地，用时代的精神占领和掌控道德思想的高点，帮助“00后”大学生积极、自觉地辨别和抵制消极思想的侵蚀，自觉培育奉献社会、感恩他人、回报恩情的高尚品行。

（三）制定相关政策保障，建立感恩社会机制

制度具有根本性和稳定性，建立制度是加强“00后”大学生感恩教育的有效手段。

首先，要建立和完善相关的政策和长效机制，着眼于我国精神文明建设环境的优化和文化的传承，从政策、制度、资金和形式上为“00后”大学生感恩教育的实施和感恩行为的提倡提供制度保障。要加大“00后”大学生感恩教育和道德发展的实施力度，触动和震撼他们的心灵，从而引发“00后”大学生对感恩心理和行为的模仿和效法。

其次，通过相关法律和法规，对损害国家和人民利益、忘恩负义、恶意栽赃等行为加以惩罚和制裁，形成施恩、感恩光荣和忘恩负义可耻的舆论。同时，健全感恩的道德奖励机制，鼓励“00后”大学生和全体公民感恩、施恩，并且对生活中涌现出来的感恩人物，进行精神和物质上的奖励，以此促成人们敢于报恩、乐于报恩、积极报恩的意识，解除人们感恩行径的后顾之忧。另外，发展和完善慈善事业，提倡和鼓励慈善行为，建设现代慈善机构，保证爱心渠道的畅通和公开透明，确保受助者的权益，建设积极健康的感恩环境。

二、坚持高校主阵地，注重感恩教育实效

（一）感恩教育课程专门化，建立感恩考核机制

首先，高校可以设置感恩教育课程和讲座，对“00后”大学生进行系统和规范的感恩理论培训。感恩意识和感恩习惯的形成需要培养和引导。感恩教育课程化是培养“00后”大学生感恩意识的重要途径。设置专门的上课时间，有相对稳定的场地，再配备专业的指导教师，甚至还应该专门为这门课程编写感恩教育教材。同时，理论联系实际是马克思主义的重要特征，同时也是大学生思想政治教育工作的指导方针。高校可以成立高校感恩社团和组织，有组织、有计划地开展“00后”大学生感恩教育实践，结合课堂教学，让“00后”大学生明白感恩的理由、感恩的对象和感恩的方式方法；

其次，既然作为课程，就应该用规范的课程考评体系去评价它，以保证最佳的学习效果。可以制定学生守则，用日常考核和品行操评来监督和强化“00后”大学生的感恩习惯。比如采取“感恩教育学分制”和“感恩活动登记卡”等方式，由授课老师真实、详细记录学生活动的参与情况、体验的实际效果，并以此来考核、评价学生参与活动的数量、种类和性质。这样在感恩教育的长期熏染下，“00后”大学生感恩教育目标的实现也就为期不远。

（二）创新感恩主题活动，营造感恩校园氛围

学校作为培养人才的基地，是弘扬道德文明的前沿。高校的文化氛围潜移默化地影响着学生理想、信念、情感和道德的形成。同时，在思想政治教育的过程中，陈旧的形式是导致“00后”大学生产生逆反心理的原因之一。内尔·诺丁斯也反复强调在学校里建构符合道德的体制和文化，远比一味向孩子灌输美德重要。因此，只有注重感恩教育形式的创新性和多样性，才能推进“00后”大学生感恩教育的有效开展。

首先，抓住节日契机，利用校园人文景观、校园媒体等文化载体，创新感恩教育主题活动的设计和实施，共同打造良好的感恩校园文化。如在重阳节组织学生们去敬老院慰问、清明节组织学生去烈士陵园扫墓等，这是以学生的情感体验为手段来渗透

感恩教育，让学生在具体的实践活动中体验、领悟感恩的道理，从而促使“00后”大学生把尊重父母、关心他人变成其自觉行为。

其次，利用学生会和大学生社团等组织，开展贴近“00后”大学生生活的感恩教育活动。通过设立自己的“大学生感恩节”、评选“感恩孝星”、拍摄以感恩为素材的微电影等丰富多样的形式，鼓励“00后”大学生用感恩之心去感受家庭、亲朋、教师和社会给予的关爱，并且勇于将感恩之心真诚、自然地表达出来。

最后，将感恩教育融入社会实践中，为“00后”大学生感恩情感的培养和升华提供新的平台。高校也有义务组织“00后”大学生积极投身于社会实践，把感恩教育从校内延伸到校外。如成立大学生志愿服务队，到社区和国家需要的地方进行服务，从而引导学生将感恩意识转化为实际行动，在实践中树立责任意识和感恩意识。

（三）纳入思想政治理论课教学体系，实现感恩内化

高校思想政治理论课是大学生思想政治教育的主要渠道，是提高大学生道德教育效能的重要领地。当前，在“00后”大学生群体中广泛存在道德冷漠和道德失范的现象，因此，有必要将感恩教育纳入思想政治教育体系，帮助“00后”大学生形成正确的感恩观。

首先，在没有专门感恩教材的前提下，可以增加和强化思想政治理论课的感恩教育设计，即有意识地在高校思想政治课中进行渗透性的感恩教育。就是从思想方面启发“00后”大学生的感恩意识，从情感方面培养“00后”大学生的感恩情怀，从品行方面促成“00后”大学生的感恩践行。思想政治理论课教师应在教学过程中贯穿感恩教育，鼓励学生积极参与课堂讨论，并结合学生生活实际，搜集发生在他们身边的感恩教育素材，引导“00后”大学生产生情感的共鸣。同时，高校应结合“00后”大学生的德育目标，发展和创新马克思主义中国化的新理论，以保证思想政治理论课教育理念和内容的与时俱进。

其次，进行思想政治理论课实践性教学改革，运用情景剧教学法来活化和丰富教学内容。通过指导学生自编、自导、自演道德小品或情景剧，不但能增强感恩素材的感染力，而且能激发“00后”大学生对思想政治理论课的学习兴趣。此外，高校相关任课教师应积极发掘和整合各学科的感恩教育因素，有意识地把感恩教育渗透到各个学科当中，进一步深化和充实感恩教育，引导“00后”大学生从“感恩于心”到“回报于行”。

（四）提高教师道德修养，传授感恩道理

高校教师是全面推进“00后”大学生感恩教育的主力军，是开展“立德树人”工作的重要参与者和实施者。“教师之德风，学生之德草，草上之风必偃。”师德建设是

培养优秀人才的基石。

首先，必须加强高校思想政治教育者的感恩意识和道德修养。教师是学生增长知识和思想进步的导师，广大教师的言行举止和道德风貌不仅会对学生产生深远的影响，更会由此向社会扩散，影响社会道德风尚的形成。只有教师具备强烈的感恩意识和高尚的师德，才能促成和培养“00后”大学生的感恩品行。然而，在以往的思想政治教育教学中，教师往往扮演的是管理者的角色，学生是被动的学习者，师生之间缺乏深入的情感交流，这样的师生关系很难激发学生对感恩的认可。因而，高校思想政治教育者应秉承“学高为师、身正为范”的责任心和良心，在对学生进行感恩教育的时候，用感恩的情怀对待每一名学生，特别是那些所谓的“差生”，使学生回归教育的主体地位，提高教育教学的效果，从而促使“00后”大学生形成正确的感恩观。反之，那些偏心、对学生恶语讽刺且缺少爱心的老师，是不可能让学生学会感恩的。

其次，加强高校思想政治教育者在感恩教育方面的知识储备。要使“00后”大学生感恩教育收到良好的实施效果，就要保证高校教师不断提高自身在感恩教育方面的知识储备，如我国传统文化中的感恩知识、国外感恩教育的成功经验等，并结合“00后”大学生的特点，不断创新感恩教育的内容，积累感恩教育的素材，探索新的教育方法，进而激发“00后”大学生强烈的感恩欲望，提升他们的思想境界，促使培养出的人才更能满足新时期政府对高素质人才的迫切。

所以，高校思想政治教育者只有具备了丰富的感恩知识储备和良好的道德修养，才能用自身的人格魅力去潜移默化地感染“00后”大学生，在实现自身人格升华的同时，做“00后”大学生身心健康成长的掌舵者和领航人。

三、采用正确教育方式，发挥家庭道德教育的功能

（一）树立感恩榜样，优化家庭感恩氛围

家庭是孩子成长的第一站，父母是孩子的第一任老师。俄国文学家托尔斯泰曾说：“教育孩子的实质在于教育自己，而自我教育则是父母影响孩子最有力的方法。”

首先，家长要以身作则、树立榜样。言传身教是推动感恩教育最为推崇且最有效的方法，家长的一言一行都潜移默化地影响着孩子的性格养成和道德修养。尤其是孩子感恩意识和行为的培养，更需要家长提高自身关于感恩的思想道德修养，注意从思想和生活细节中培养子女的感恩意识。在日常生活中，家长应用自己的言行有意识地给孩子以正确的引导和暗示，处处为孩子做出良好的表率，才能正己化人。一方面，家长对给予自己关怀和帮助的人抱有感激之心；另一方面，尤其要让学生感受到家长对其祖辈的感恩表达和亲情回报，从激发感恩父母上来引导其感恩意识的形成。如家

长回报和孝敬老人的各种行为举动，会使孩子耳濡目染，自然萌发“感恩、报恩”的意识，久而久之，就能达到“润物细无声”的感恩教育良效。

其次，和谐的家庭氛围是培养感恩教育的外在环境。和谐、幸福、安定的家庭环境更有利于“00后”大学生感恩教育的实施和培养。在日常生活中，家长应主动、积极地营造家庭和睦与融洽的氛围，做到互敬互爱、谦让包容，让孩子体会“感恩”带来的温暖。因此，家长的榜样示范和家庭感恩氛围的融洽，对培养和强化“00后”大学生的感恩意识至关重要。

（二）转变教育理念，重塑家庭感恩情怀

家长要转变家庭教育的重心，不要一味地注重孩子的智力开发和文化学习，不能把分数、名次作为衡量子女的唯一价值尺度，应该重视对子女的情感疏导和道德教育。家长对子女要赋予理智的关爱，但绝不能溺爱；对子女的关心不仅要涉及物质领域，更要涉及精神领域，重视子女内心丰富的情感世界，培养子女的健康人格。在家庭教育过程中，“00后”的孩子自我意识强烈，家长应当适时地运用情感交流法，与子女进行平等的沟通和交流，增进相互的理解与信任，为亲子沟通提供良好的平台，从而提升家庭教育的有效性，强化子女感恩父母的意识。

家长要形成“索爱”意识，改变中国家长对子女的关爱不求回报、羞于表达的心态，要引导“00后”大学生敢于表达自己内心对父母、老师、朋友的感激之情。此外，随着子女的成长和时代的发展，家长应不断更新教育理念，积极培养“00后”大学生的独立意识和自理能力，使之逐渐成为一个具有独立精神和感恩情怀的时代青年。

（三）加强感恩实践，培养子女感恩意识

“00后”大学生的家长应当鼓励子女积极参加实践劳动，不要对家务劳动大包大揽，要让从小娇生惯养的“00后”大学生学会主动分担家庭劳动，体味家长的艰辛和生活的不易，在亲身体验中唤起“00后”大学生的感恩意识。俗话说得好，“纸上得来终觉浅，绝知此事要躬行”。感恩教育不应只是说服教育，而应重在实践养成。只有突出行为教育，才能在实践中养成感恩习惯，把感恩教育融入日常工作学习中，引导“00后”大学生自觉践行感恩行为。

带领和鼓励“00后”大学生参加各类社会活动，在社会实践中领悟感恩精神，使感恩之举成为“00后”大学生的生活常态，以此增强他们的感恩意识。例如，鼓励“00后”大学生到农村、社区等基层单位做义工，支持“00后”大学生利用假期做勤工俭学的工作。通过社会实践，使“00后”大学生获得接触社会的机会，丰富人生的阅历，感受赚钱的不易，一定程度上可以遏制一些“00后”大学生消费无节制、要钱无休止的乱象，从而有利于“00后”大学生社会责任意识的增强和感恩意识的养成。

四、加强自我教育，提高感恩认知

自我教育是实现高校思想政治教育目标的必然要求。教育家苏霍姆林斯基也曾指出:“真正的教育乃是自我教育。”要想实现家庭、学校、社会共同形成联动力量，来助推“00后”大学生感恩教育的展开，必须以“00后”大学生的自我教育为落脚点。

（一）崇尚感恩教育的慎独精神

“慎独”指的是人们在独处无人监督时,凭着高度自觉,按照一定的道德规范行动,防止出现违背道德的念头和不符合道德要求的行为。这是提升个人道德修养的重要方法，也是评定一个人道德水准的关键性环节。一些“00后”大学生常常是在有人监督的时候能够遵循纪律或按道德的要求去规范自己的言行，但当一人独处，没有了外界的压力之时，自制力较差的他们就会放松自己的行为。因此，慎独是对人们道德素养的更高要求。感恩意识的养成必须依靠“00后”大学生自身的努力，用“慎独”精神使个体摆脱外界被动教育而进行自我教育。面对“00后”大学生感恩意识亟待改变的现状，应当提倡把“慎独”精神作为“00后”大学生的价值取向，这对提高“00后”大学生的道德修养，培育“00后”大学生的健康人格有重要的作用。当前社会处在急剧发展变化中,浮躁气息充斥着社会的各个角落,能否拥有“慎独”精神是对“00后”大学生道德修养的一种考验，是“00后”大学生意志信念是否坚定的体现。“00后”大学生应以“慎独”精神为原则，积极带头践行感恩行为，坚决抵制不良思想和行为，做到严于律己、知行统一。“00后”大学生是国家未来的继承者，培养他们的“慎独”精神是迫切必要的,对于改变当前“00后”大学生感恩教育现状具有深远的现实意义。因此，崇尚感恩教育的“慎独”价值观，是培养“00后”大学生自我感恩教育的现实需要。

（二）深化感恩教育的自省意识

自我教育的目的是提升自身的道德修养，其主要途径就是自省。就是通过自我批评、反省、评价、调控的方式来省察自身言行，目的在于“日省其身，有则改之，无则加勉”。孔子曾经说过:“吾日三省吾身。”就是说要时时刻刻严格检点自己，要睁大眼睛，看“我”的行为是不是正确的。遇事做到换位思考和宽容大度，以感恩之心善待他人。还应学习道德楷模身上的优点，吸取反面人物的经验教训，及时纠正自身修养的不足，修炼好自身的品行。只有这样才能明辨是非，分清善恶，学会感恩；才能把对小家的感恩意识，上升为对国家的感恩情怀，最终实现开展感恩教育的宗旨。

（三）坚持感恩教育的身体力行

在“00后”大学生中开展感恩教育，唤起他们内心的感恩意识，最终目的就是要让“00后”大学生将感恩意识内化为感恩的自觉行为。因此，在认识到自身感恩行为缺失后，“00后”大学生必须坚持身体力行，积极践行感恩之举。当然，这并非硬性要求“00后”大学生势必要做出轰动的壮举，而是旨在引导和督促他们在日常生活中展示感恩之举，小到对长辈的孝敬、师恩的回馈、同学的感激、对他人恩情的回报等，大到当国家需要和处于危难之时的挺身而出，这都是“00后”大学生“感恩于心，回报于行”的具体体现。这也正是当前党和政府极力呼吁感恩教育的根源所在，就是要把“00后”大学生培养成不但具备科学文化素质，而且具备“感恩”的人文素养的综合型人才。开展“00后”大学生的感恩教育就是要实现知行统一，晓之以理，动之以情，导之以行，持之以恒。

参考文献

[1] 杨凤霞 . 孝文化与大学生感恩教育 [M]. 哈尔滨：黑龙江大学出版社 ,2012.

[2] 唐晓凤，李解 . 素养教育系列读本感恩与奉献 [M]. 成都：电子科技大学出版社 ,2014.

[3] 庄严 . 关爱空巢老人孝道与感恩教育 [M]. 哈尔滨：黑龙江大学出版社 ,2011.

[4] 钟佩霖 . 感恩与敬畏双心教育论 [M]. 成都：四川大学出版社 ,2016.

[5] 汪国庆，阚静，荀宏亮 . 感恩教育 [M]. 北京：北京工业大学出版社 ,2020.

[6] 邹顺康 . 感恩教育读本 [M]. 成都：四川大学出版社 ,2010.

[7] 刘超 . 当代大学生感恩教育研究 [M]. 成都：四川大学出版社 ,2018.

[8] 项福库，祝国超 . 感恩教育理论研究 [M]. 成都：西南交通大学出版社 ,2011.

[9] 蒋平 . 弱势青少年感恩教育缺失与重构研究 [M]. 北京：中国轻工业出版社 ,2016.

[10] 曾晓红 . 感恩教育 [M]. 沈阳：沈阳出版社 ,2017.

[11] 袁毅 . 中国学生综合素质教育必读书感恩・爱心 [M]. 武汉：武汉大学出版社 ,2012.

[12] 聂文俊 . 素质教育之感恩教育 [M]. 成都：四川大学出版社 ,2018.

[13] 刘红，王汉武 . 大学生诚信与感恩教育 [M]. 桂林：广西师范大学出版社 ,2018.

[14] 高波 . 诚信感恩教育读本 [M]. 西宁：青海民族出版社 ,2016.

[15] 王兴萍 . 感恩教育 [J]. 视界观 ,2019(22)：159.

[16] 江石娇 . 浅谈如何开展感恩教育 [J]. 神州 ,2020(26)：235.

[17] 张丰 . 变形走样的感恩教育 [J]. 中学生百科 ,2021(12)：4.

[18] 王艳红 . 疫情期间的感恩教育 [J]. 华人时刊 (校长),2021(4)：88-89.

[19] 刘欣 . 依托感恩教育 , 践行立德树人 [J]. 读友 ,2022(1)：12-14.

[20] 管碧红 . 感恩教育的实践与思考 [J]. 教育周报 (教育论坛),2020(1)：95.

[21] 陈怡超 . 中国红中的感恩教育 [J]. 启迪 ,2020(4)：83-84.

[22] 江红 . 感恩教育“三步曲”[J]. 科学咨询 ,2020(17)：25.

[23] 张雪峰 . 感恩教育：让生命在场 [J]. 基础教育论坛 ,2021(9)：1.

[24] 姬甜甜 , 康丽颖 , 李楠 . 感恩教育，从生活开始 [J]. 父母必读 ,2021(5)：68-70.

[25] 易炜 , 罗芬 , 姚倩 . 一节生动的感恩教育课 [J]. 湖北教育 ,2021(7)：69.

[26] 王荣伟 . 为感恩教育祈祷 [J]. 天风 ,2019(10)：59.

[27] 董影 . 感恩教育之我见 [J]. 科教导刊 (电子版),2019(1)：49.

[28] 徐晋升 , 赵向影 , 辛雪洁 . 浅谈感恩教育 [J]. 教育科学 (全文版),2019(1)：352.

[29] 吕雪源 . 感恩教育的实践与思考 [J]. 中学课程辅导 (教师教育),2019(4)：26.

[30] 焦圣鹏 . 感恩教育初探 [J]. 文渊 (高中版),2019(1)：335.